〈지금은 라디오 시대〉의 톡톡 튀는 여자
최유라식 행복론

저, 살림하는 여자예요

〈지금은 라디오 시대〉의 톡톡 튀는 여자
최유라식 행복론

저, 살림하는 여자예요

최유라 지음

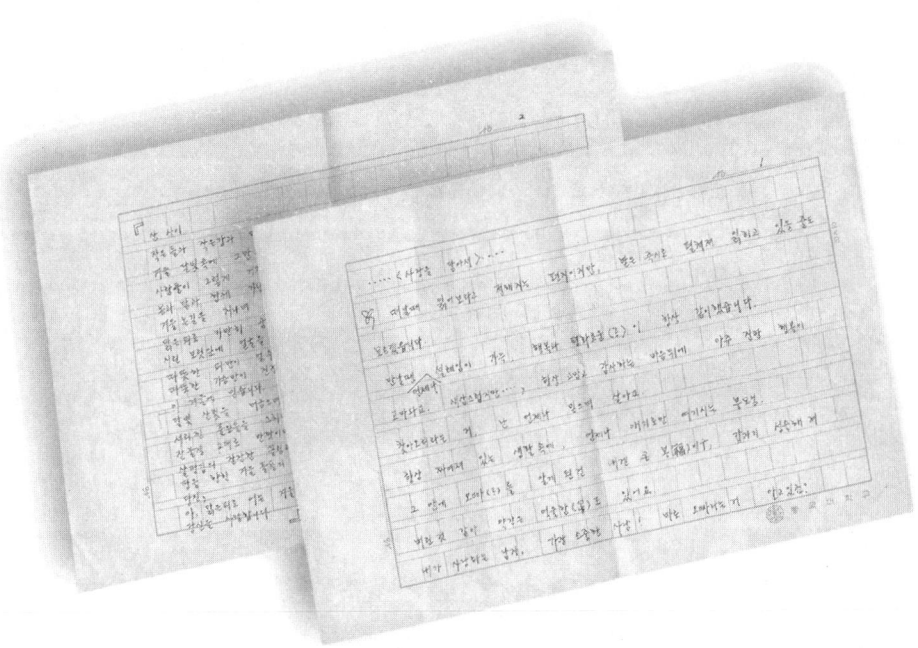

제삼기획

책머리에

극성스럽게 살아온 날들

방송인으로 살아온 지 벌써 8년!
대학교를 졸업하기도 전에 시작한 방송 생활!
그 동안에 나는 연애 결혼도 했고 어느덧 두 아이의 엄마가 되었다.
내 이름 '최유라'가 다른 많은 사람들에게 알려진 계기는 방송과의 인연 때문이었다. 그 인연은 보통의 인연이 아니라서 나는 이 세상에서 가장 사랑하는 사람도 만날 수 있었다. 그와의 만남, 그리고 결혼, 출산…….
생각해 보면 참으로 열심히 살아온 나날이었던 것 같다.
연예인이기 때문에 가정일을 소홀히 한다는 이야기를 듣고 싶지 않아서 더욱 그랬는지도 모른다. 파출부 한 번 안 부르고 다른 사람들 손에 아이 한 번 안 맡기고 놀이방까지 운영해 가면서 극성스럽게 살아온 시간들이 스스로도 놀랍다.
끼니마다 갓 지은 밥을 식탁에 올리기 위해 발을 동동거리며 시장으로 뛰어다녀야 했고, 그러다가 오후가 되면 〈지금은 라디오 시대〉의 진행을 위해 또 헐떡이며 뛰어야 했다.
그렇게 뛰어다니는 동안 못다한 이야기들도 많았건만 막상 그것들을 긴 수다로 풀어 내려니 왠지 서먹하다. 나처럼 사는 사람이 대다수일 터에 일하고 살림하고 아이 키우는 이야기가 새삼스레 재미있게 읽혀질까, 하는 생각에 많이 망설이기도 했다.

하지만 모든 이야기는 나름대로의 감동이 있는 법이다. 책으로 꾸미는 일을 결정하고 나니 저 혼자 꿈틀거리고 있던 지나간 시간들이 내 앞에 우르르 쏟아진다.

살림하는 것도 방송하는 것도 세월을 필요로 한다. 시간이 모여서 어느 날 자연스레 입이 풀리듯 살림도 많은 경험이 모여서 노하우가 생기는 것이다.

지금 나는 많은 청취자들의 사랑을 받는 MC 최유라가 됐다. 〈지금은 라디오 시대〉에서 터득한 세상 따뜻하게 바라보기는 이제 나, 최유라의 노하우다. 그리고 그 노하우가 바로 삶의 힘이고, 애정이고, 행복이다.

오늘이 있게 해준 방송에 대한 고마움이 그지없다. 청취자들의 무한한 애정에도 감사를 드린다. 아울러 이 책을 펴내는데 있어 바쁘신 중에도 좋은 글을 써 주신 이종환 선배님, 그리고 전유성 선배님과 본문 컷을 그려 주신 문순우 화백님께 깊은 감사의 인사를 드린다.

감히 이 자리를 빌어 나, 최유라는 주부로 또 MC로 앞으로도 열심히 살 것을 약속해 본다.

1997. 7.

추천의 말

'최유라'라는 여자

'완벽'한 사람 없고 '흠' 없는 사람 없다
  내가 그나마 세상을 살면서 위로를 받을 수 있었다면, 인간이 어떻게 완벽과 흠 없음을 갖출 수 있겠는가라는 생각이었다.
  그런데 나는 분명히 완벽과 흠이 없는 별난 여자를 만났다.
  知? 感? 美? 禮? 藝?
  어느 글자에서 그녀의 결함을 찾을 수 있을까.
  솔직히 고민 많이 했다.
  뭐 이런 여자가 있나, 나이도 어린 것이!

  한 시간마다 잠에서 깨어나는 여자(애기를 들어서 알았다).
  큰아이가 이불을 차버리고 자는 것은 아닐까.
  작은 아이 기저귀가 젖지 않았을까.
  남편이 출근할 시간인데…….
  상당액의 세금을 낼 정도로 바쁘게 일하며 사는 여자가 가사를 돕는 사람도 없이 그 모든 일을 혼자 억척스럽게 해내는 것을 어떻게 생각해야 할까.
  맞아! 부모님이 함경도라고 했지, 아마…….

어쩔 수 없군.

그래도 여자는 적당히 '틈'이 있어야 하는데 이 여자는 도무지 '틈'이란 게 없다.

여자라면 누군가가 비집고 들어갈 틈이 보이는 듯해야 매력이 있는 것은 아닐까. 도무지 지남편, 지새끼밖에 모르는 여자. 난 이렇게 야물딱진 여자 '애'는 처음 본다.

'맹씨'가 착할 수밖에 없는 이유를 알 만하다.

MBC 〈지금은 라디오 시대〉

Always thanks.
이종한

권하는 글

지금은 '최유라디오'시대다

　가수는 가수끼리 개그맨은 개그맨끼리 탤런트는 탤런트끼리 잘 알 것 같지만 사실은 서로 잘 모르는 경우가 대부분이다. 연예인끼리의 정보를 일반인들과 마찬가지로 스포츠 연예지를 읽고 "아! 이 아해는 이런 구석이 있었구나!", "저 아해는 저런 아해였구나!" 하고 알게 되는 경우가 대부분이다.
　최유라라는 여자를 안 지도 꽤 오래되었고 방송국에서 만나면 인사도 하고 웃기는 이야기를 하면 낄낄거리고 주먹으로 치기도 하고 돌아서기도 했지만 누가 최유라에 대하여 물어보면 잘 알 것 같으면서도 사실은 아무것도 모른다고 하는 것이 진실이다.
　이 여자의 글을 읽으면서 요즘 같은 세상에 뭐 이렇게 답답하게 혹은 한심하게 살아가는가 하는 생각에 중간에서 읽는 것을 때려치울까 하다가 한 페이지 한 페이지 읽어나가다 어느 새 다 읽게 되었다.
　다른 연예인 수기처럼 학교 다닐 때 공부는 지지리도 못하고, 선생님 말씀도 안 듣고, 오락 시간이나 소풍 가서 전교생 앞에서 사회를 보았고, 부모님의 반대를 무릅쓰고 연예계에 나와서

지가 잘나서 지금은 스타가 되었다고 (겸손을 가장하면서) 하는 이야기가 안 나와서 좋았다.
 극성스러우면 어떻고 답답하면 어떠냐!!!
 남한테 해 끼치지 않고 지남편 지가 챙기고 술안주 만들어 주고 지아이 지젖 먹여 키우겠다는 게 장한 일이지! 나하고 다르게 산다고 다 한심하고 답답하다는 나 같은 사람의 생각이 세상을 더 답답하게 만들고 한심하게 만드는 게 아닌가 하고 반성하게 된다.
 방송국에서 만나는 연예인들의 대부분은 자기가 지금 얼마나 잘나가고 있는가에 대하여 이야기를 한다. 아침에 만나면 지방 가야 한다고 하고 저녁에 만나면 지방에서 지금 오는 길이라고 구라치는 연예인들을 숱하게 만나게 된다.
 그러나 최유라는 지금 현재 잘나가고 있는 연예인이지만 만나서 하는 이야기는 집에서 청소하고 나온 이야기, 아이 밥해 먹인 이야기, 남편 옷 사러 간 이야기들이다.
 "그걸 혼자 다해?" 하고 물으면 언제나,
 "그럼 내가 안하면 누가 해요?" 하고 되묻는다.

당연한 말이다. 당연히 해야지! 그러나 이 당연한 이야기가 당연하게 안 들리는 이유는 무엇일까?

낮시간이면 이 여자가 읽어주는 '웃음이 묻어나는 편지'로 온 나라가 웃고 있다. 똑같은 글이라도 읽는 사람에 따라 재미가 더하기도 하고 덜하기도 한데 이 여자가 읽으면 더 재미있는 것은 자기가 직접 뭐든지 해야지만 직성이 풀리는 이 여자의 성격이 청취자들이 보낸 사연을 지자식 속옷 챙기듯, 지남편 술안주 만들듯, 정성스레 꼼꼼히 챙기기 때문이다.

나도 말로 먹고 사는 직업이지만 건성으로, 형식적으로, 습관적으로 가슴에서 우러나오는 게 아니고 입으로만 얼마나 많은 말을 해댔는가!!!

나이 어린 처녀도 아니면서, 미모가 출중한 것도 아니면서, 반짝이 옷을 입지도 않으면서도 잘나가는 애엄마, 최유라!

지금은 '최유라디오' 시대다!!!

차 례

책머리에 | 극성스럽게 살아온 날들 / 최유라
추천의 말 | '최유라'라는 여자 / 이종환
권하는 글 | 지금은 '최유라디오' 시대다 / 전유성

하나
맹씨! 우린 천생연분인가봐

뽀미 언니의 사랑 만들기·19
  차량 접촉 사고로 시작된 만남/첫사랑의
  위기/우리 결혼 약속, 없었던 일로 해요!/
  사랑을 위해서라면……
이혼을 생각하다·35
엄마! 언제나 목이 메이는 이름·38
아빠! 제발 건강하세요·45
내 동생 정임이·49
감동, 깜짝쇼!·55
우리집 행복 5계명·60
맹씨! 우린 천생연분인가봐·66

둘
지금은 라디오 시대, 아니 최유라 시대

수 탉·73
방송과의 첫인연·78
뽀뽀뽀·81
깊은 밤 짧은 얘기·85
100분쇼·88
엄마사랑 아가사랑·90
TV 가요교실·94

밤의 이야기쇼·96
체험! 삶의 현장·100
TV는 사랑을 싣고·104
29살 차이, 그러나 환상의 파트너·108
지금은 라디오 시대·112
 웃음이 묻어나는 편지/수다로 풉시다/모창 노래방/사연이 있는 노래/마이크를 빌려드립니다/빛바랜 편지/사랑의 손길을 기다립니다

셋. 행복이 가득한 부엌!

또순이 집안의 내력·155
내 부엌은 새벽의 수산시장·159
 생선을 맛있게 조리하는 방법
빨래, 정말 힘들죠?·166
해도해도 끝이 없는 청소·171
우편으로 배달해 먹는 반찬·175
 우편 주문 판매 중 내가 자주 이용하는 곳
천연 조미료가 좋아요·179
 천연 조미료 만드는 법
시부모님 생신상 차리기·182
 어른 생신 차림상 메뉴표
술친구들은 집으로 데리고 오세요·186
 우리집 술안주
시간 없는 주부는 이렇게 해보세요·190

장은 일주일에 한 번씩 본다
　　　　　우리집 냉동실에 들어 있는 음식들
　　　우리 집에는 전기밥솥이 없다·196
　　　국이나 찌개 끓이기·201
　　　행복이 가득한 부엌!·210
　　　　　요리가 즐거운 여자!
　　　　　사랑이 가득한 부엌 만들기
　　　별미나 간식으로 해먹는 음식들·214

넷

모유로 키웠어요!

　　　내 남편 맹씨는 프로 육아 선수·223
　　　아이들 목욕은 아빠 담당·227
　　　모유로 키웠어요!·231
　　　최유라식 이유법·236
　　　　　이유식 초기·과일즙 만들기
　　　　　이유식 중기·과일/죽 만들기/보관법
　　　　　이유식 후기·선식/생선
　　　응급 처치는 이렇게 하세요·249
　　　영재 교육·256
　　　햇살나라·261
　　　　　햇살나라의 탄생/햇살나라의 꼬마 식구들/인
　　　　　스턴트는 노! 건강식은 예스!/햇살나라의 인테
　　　　　리어는 엉망진창/문 닫은 햇살나라
　　　최고의 태교는 부부 사랑!·269
　　　누구나 첫 육아는 완전 초보·272
　　　때리는 엄마, 맞는 아이들·275

하나

맹씨! 우린 천생 연분인가봐

뽀미 언니의 사랑 만들기

차량 접촉 사고로 시작된 만남

1990년 9월 20일.
나에게는 절대로 잊을 수 없는 날이다. 세상에 태어나서 처음으로 사랑하는 사람이 내 가슴 속으로 들어온 날이기 때문이다.

그 날은 〈뽀뽀뽀〉 녹화가 있던 날이었다. 평소에도 〈뽀뽀뽀〉 녹화가 있는 월요일은 분장실과 스튜디오를 하루에도 수십 번씩 오가면서 화장 고치랴, 머리 만지랴, 순서 맞춰 대본 외우랴, 녹화가 끝나는 저녁 시간이 되면 그야말로 온몸이 나른하고 만사가 다 귀찮게 느껴져 빨리 집에 가서 쉬고 싶다는 생각밖에 없는 터였다.

가뜩이나 그날은 추석 특집극 녹화가 있던 날이라 다른 날보다도 두 배는 더 힘이 들었던, 말 그대로 녹초가 되기 일보 직전이었다.

다행히 모든 진행이 순조로워 밤 12시가 넘어서야 끝날 예정이었던 녹화를 2시간 앞당겨 10시에 끝낼 수 있었다.

녹화가 끝나자마자 나는 한시라도 빨리 집에 가서 쉬고 싶은 생각에 화장도 고치지 않은 채 부지런히 차를 몰아 방송국을 빠져나왔다.

그런데, 막 방송국 정문을 빠져나와 MBC 횡단보도 앞에서 좌회전 신호가 떨어지기만을 눈이 빠지게 기다리고 있는데 난데없이 쿵, 하고 내 차가 받히는 소리가 나는 것이 아닌가.

'아니 누구야? 으으 정말…….'

파김치가 된 몸에 짜증까지 난 나는 말할 수 없이 불쾌한 표정을 지으며 내려서서 "아니 도대체 눈은 뒀다가 뭐하는 거예요! 앞 좀 보고 다닐 수 없어요!" 하며 앙칼진 목소리로 뒤에 있는 차에 대고 소리를 냅다 질렀다.

그러자 미안하단 말도 없이 한 남자가 차창 밖으로 쓱 얼굴을 내밀었다. 그런데 이게 웬일인가, 얼굴을 보니 조금 전까지 스튜디오에서 같이 녹화를 하던 카메라맨이 아닌가.

일주일에 한 번씩 같은 프로를 위해 하루 종일 얼굴을 마주치는 사이였지만 그때까지 나는 그와 대화를 나눠본 적이 한 번도 없었다. 아니 좀더 솔직히 애기하자면 다른 사람들과 달리 그는 항상 입을 한일(一) 자로 굳게 다물고 누구와 농담 한 번 나누는 일 없는, 조금은 무뚝뚝한 편이었기에 대화를 할래야 할 수가 없는 사람이었다. 항상 단정한 옷차림에 말도 없이 묵묵히 일만 하는 사람이었다. 때문에 의례적인 인사마저도 별로 나눈 적이 없을 정도였지만 얼굴만은 익히 알고 있는 터였다.

다행히 차도 별 이상 없고, 그가 모르는 사람도 아니기에 나는 그쯤 해두고 다시 운전대를 잡았다. 그러자 그가 내 차 옆으로 와 차를 세우더니 열려진 창문 사이로 "미안해요. 집이 어디시죠?" 하며 말을 건네왔다.

"괜찮아요. 우리집 멀어요, 수원이에요."

"한참 가야겠네요. 수원으로 가려면 방향이……."

그는 같은 방향이라며 에스코트하듯 차를 몰아갔다.

횡단보도 앞 좌회전 신호 대기중에 차가 받히면서 그렇게 시작된 우리의 대화는, 집으로 가는 방향이 묘하게도 같아서 대기신호가 나타날 때마다 창문 사이로 계속 이어졌다. 그리고는 급기야 그의 집 근처 동네에 내려 차 한 잔까지 하게 되었다.

나중에 알게 된 일이지만 그날 그가 내 차를 받은 것은 실수가 아니라 고의였다고 한다. 그것도 아주 치밀한(?) 계획에 의해서 말이다.

당시 나는 드라마 쪽에서 섭외가 들어와 심각하게 고민을 하던 중이었다. 물론 마음 같아서야 당장이라도 드라마를 하고 싶었지만, 〈뽀뽀뽀〉 MC를 하면서 드라마를 한다는 것은 이미지에 문제가 있기 때문에 어쩔 수 없이 둘 중의 하나를 선택해야만 할 상황이었다.

워낙 아이들을 좋아하고 훗날 여유가 생기면 유치원을 경영해 볼까 하는 생각까지 하고 있던 나는 '뽀미 언니'라는 역할에 말할 수 없을 정도의 애착을 갖고 있었다. 하지만 연기자로서의 긴 미래를 생각해 볼 때 뽀미 언니로의 이미지가 너무 굳어지면 앞으로 내 연기 활동 폭이 좁아질 것 같아 여간 고민이 아니었다. 결국 오랜 망설임 끝에 나는 드라마를 하는 쪽으로 마음의 결정을 내렸다.

그러자 당연히 가을 개편때면 내가 이제 더 이상〈뽀뽀뽀〉를 하지 않는다는 소문이 스탭들 사이에 번져 있었고, 그렇게 되자 평소 카메라를 통해 내게 특별한 감정을 갖고 있던 그가 나에게 말을 걸기 위한 방법의 하나로 차를 들이밭았다는 것이다.

어쨌든 그의 각본대로 일은 시작되고 있었다. 결국 우리는 나란히 앉아서 차를 마시게 되었으니까 말이다.

그날 카페에서 주스와 커피를 사이에 두고 우리는 꽤 많은 이야기를 주고받았다. 한 번도 대화를 나눈 적이 없었지만 그때까지 꽤 단정한 사람으로 보였던 그가 더더욱 깔끔하고 부드러운 이미지로 각인되어 왔다.

또 그 사람은 카메라를 통해서만 보던 최유라가 아닌(당시 그는 연예인에 대해 부정적인 생각을 갖고 있었다고 한다) 자연인 최유라의 생활을 알게 되면서 나에 대해 더욱 각별한 마음을 갖게 되었다. 사건이라면 역사적인 큰 사건이 벌어지고 있는 셈이었다.

앉자마자, "저 빨리 집에 가야 되는데⋯⋯. 엄마가 기다리거든요." 하고 시작된 나의 첫마디는 그 후 이야기를 주고받는 동안 아마 그 말을 열 번도 더 했던 것 같다.

"아니, 왜요?"

"우리 엄마는 내가 몇 시에 일이 끝나고, 몇 시에 귀가하는지 정확히 보고하지 않으면 큰일나거든요. 학교 다닐 때부터 지금까지 저는 하루에 열두 번도 더 엄마에게 전화해요. 학생 때는 '엄마, 지금 무용 연습 하러 가. 조금 있다 소극장에서 연습 끝나고 저녁 9시면 끝나니까 그때 다시 전화하고 집으로 갈게.' 하고 보고 안 하면 큰일나요."

"아니 학생 때야 그렇다 치더라도 지금은 사회인인데 아직까지도 그래요?"

"사회인이고 뭐고 우리 엄마는 내가 밖에 나와서 어디서 무얼 하고 있는지 모르면 난리가 나는데요, 뭐!"

"그럼 지금도 전화할 거예요?"

"당연하죠. 지금쯤 아마 우리 엄마는 시계만 뚫어져라 쳐다보고 있을텐데……. 제가 녹화 끝나자마자 전화했거든요, 1시간 후면 도착할 거라고. 잠깐 전화 좀 하고 올게요."

그 뒤 이야기를 나누는 중간중간에도 엄마에게 늦어진다는 전화를 그날 세 번은 더 했던 것 같다.

사실 나는 그 당시뿐만 아니라 학생 시절부터 철저하게 내 생활을 간섭해 온 엄마에게 반항 비슷한 감정을 갖고 있었다. 내 시간을 나보다도 더 철저하게 체크하고 안방에 앉아서도 내가 어디서 무엇을 하고 있는지를 정확히 꿰뚫어보고 있는 엄마가 너무 지독해 보였고 싫었다. 자기 자신에 대해 한치의 흐트러짐조차 용납하지 못하는 성격 때문에 딸의 행동에 대해서도 끝까지 간섭해 온 우리 엄마는 정말 못말리는 엄마였다.

하지만 아이러니하게도 그는 나의 그런 모습을 보면서 '아,

저런 연예인도 있구나.' 하면서 지금까지 갖고 있던 연예인에 대한 선입견을 버리고 나에게 본격적인 호감을 갖게 되었다고 한다.

어쨌든 차량 접촉 사고로 시작된 그와 나의 또 다른 접촉 사고(?)는 나로 하여금 이성에 대한 관심을 유발시켰고 급기야는 연애 감정에 푹 빠져들게 했다. 대학교 때 남학생들과 늘 같이 어울리고 생활을 해와서 새삼스러울 것은 없었지만 이성에게 느껴보는 색다른 감정은 처음이었다(지금 생각해도 남자를 남자로 느끼게 된 그때의 감정은 정말 처음 찾아온 벅찬 흥분이 아닐 수 없었다).

그날부터 우리는 하루에도 서너 번씩 얼굴을 보지 않고는 견딜 수 없을 정도가 되었다. 우리는 각종 기발한 방법으로 사람들의 눈을 속이면서 달콤하고 짜릿한 연애 감정을 누리기 시작했던 것이다.

본격적인 만남이 시작된 뒤로 그가 보고 싶을 때면 나는 〈뽀뽀뽀〉 녹화장에 간다는 핑계로, 친한 작가들을 만난다는 핑계로 A 스튜디오를 뻔질나게 들락거렸고, 그럴 때마다 눈으로 말을 거는 짜릿한 연애법이 나를 달뜨게 했다.

남들이 아무리 봐도 이상하게 생각하지 않게끔 MBC 계단을 오르내리면서 말 주고받기(아마 남들은 일 때문에 얘기하는 것으로 생각했을 것이다), 그가 일하고 있는 스튜디오에 살짝 들어가서 뒷모습 훔쳐보기 등등……. 그 당시 그와 내가 궁리해 낸 방법은 일일이 열거하기 힘들 정도이다.

그렇게 서로에게 푹 빠져서 아침·점심·저녁 내내 일하는 시간만 제외하고는 모든 촉각을 서로에게 곤두세우고 있었다. 하루하루가 어떻게 지나갔는지 모를 달콤한 나날들이 꿈같이 이어졌다.

첫사랑의 위기

하지만 우리에게 마냥 행복한 시절만 있었던 것은 아니다.
다른 사랑하는 커플들에게도 서로가 결합하기까지는 많은 우여곡절이 있었겠지만 나도 그와는 결혼을 하지 않겠다고 결심했을 정도로 심한 마음 고생이 있었다.
발단은 바로 영화〈수탉〉때문이었다.
〈수탉〉은 내가 영화배우로 등장한 데뷔작이자 오늘의 최유라를 있게 한 결정적인 작품이다. 하지만 영화〈수탉〉이 우리 사이의 걸림돌로 작용할 줄이야 뉘 알았으랴.
〈수탉〉에 출연하게 된 동기는 대학교 3학년 때 그 해 영화진흥공사 시나리오 당선작인〈수탉〉의 주연 여배우를 찾기 위해 우리 학교로 오신 신승수 감독 때문이었다. 그때 유현목 감독님은 신감독님께 나를 추천하셨고, 나는 그야말로 생각할 겨를도 없이 영화에 출연하게 된 것이었다.
연극영화과를 가긴 했지만 연극 연출이 꿈이었던 나는 영화 쪽은, 더군다나 내가 배우로 출연한다는 것은 그야말로 꿈도 꿔보지 않은 일이었다. 그런데 나더러 영화에 출연하라니. 절대 그럴 수 없다고 버티는 나에게 유현목 감독님은 "니는 그럼 생전 영화는 안 할끼가?" 하면서 불같이 화를 내셨고 그 바람에 할 수 없이 출연을 하게 되었다.

그런데 그 영화를 보신 분들은 알겠지만 작품 속에 베드신이 들어 있었는데 바로 그것이 화근이었다.

그가 어느 날 내가 영화에 출연했다는 걸 기억했다가 그 작품이 어떤 내용인지도 모르고 동네 비디오 가게에서 빌려다 본 모양이었다. 문제는 바로 거기서부터 시작되었다. 나중에 그의 말로는 그 영화가 '청소년 입장가'인 줄 알았대나 어쨌다나.

아무튼 영화를 보고 난 뒤에 그는 나를 괴롭히기 시작했다. 물론 그의 심정을 충분히 이해는 했다. 그와 반대의 상황일 경우 나도 기분이 좋을 리는 없었을 테니까 말이다.

하지만 그렇다고 미안하다며 사과를 해야 할 일은 아니었다. 미안하다는 건 무엇인가 뚜렷한 잘못이 있을 때 할 수 있는 말이지 잘못한 일도 없는데 어떻게 사과를 한단 말인가.

그는 시간이 지날수록 틈만 나면 나에게 "어떻게 그런 영화를 찍을 수가 있느냐?" 하면서 고문 같은 말을 던지곤 했다. 하지만 그가 그런 태도를 보일 때마다 나는 "아니, 그래서 내가 뭘 잘못했다는 거냐, 자꾸 그럴려면 헤어지자."라고 강경한 입장을 분명히 보였다.

그런데, 정작 문제는 더 큰 데서 시작되고 있었다. 어느 날 우리의 통화를 엄마가 우연히 듣고부터 사태가 점점 험악하고 이상한 쪽으로 꼬이기 시작했던 것이다.

그냥 어떤 남자를 만나고 있구나, 하면서 미온적인 입장을 보이고 있던 엄마가 '어떤 놈이 감히 내 딸에게' 하는 분기탱천한 마음으로 그에게 전화를 한 것이었다.

"아니, 우리 유라가 그 영화에 출연한 것은 나도 마음이 언짢긴 하지만 왜 자꾸 그 일로 내 딸을 괴롭히나?"

"솔직히 기분이 좋을 사람이 어디 있겠습니까, 어머니?"

"아니 뭐라구? 나는 유라 그렇게 안 키웠네. 정성들여 키운 험잡을 데 없는 아이네. 그리고 나도 내 딸 영화배우 만들고 싶지 않았네. 그 일로 내 마음이 얼마나 아프고 불편한데, 자네가 뭔데 내 딸을 괴롭히나 괴롭히길. 고이얀 놈 같으니라구!"

그때부터 엄마의 결혼 결사 반대 운동은 시작되었다. 그가 우리집까지 바래다주고 인사라도 할라치면 엄마는 고개를 돌려버리기 일쑤였고 '당장 그놈을 그만 만나라'며 종주먹을 대기까지 하였다.

물론 그 점에 있어서는 나도 말할 수 없이 서운한 감정을 그에게 갖고 있었다. 하지만 이미 사랑에 눈이 멀어버린 나로서는 그와의 만남을 자제할 이성이 남아 있지 않았다.

어릴 때부터 엄마 말이라곤 한 번도 거역한 적이 없던 내가 엄마 말을 무시하고 그를 계속 만나는 게 엄마는 분하고 속상하셨는지 펄펄 뛰셨지만 그래도 우리의 만남은 계속되었다.

그러나 결국 내 스스로 그에게 헤어지자는 말을 하게 되는 계기가 찾아왔다.

국방부에서 찍는 영화에 주연으로 계약을 하게 되었는데 영화 촬영지가 강원도 화진포였다. 촬영 당일 서울에서 다른 볼일이 있었던 나는 스탭들과 함께 떠날 수가 없어 하루 늦게 비행기로 출발, 속초에서 합류하기로 약속을 해놓은 상태였다.

그런데 웬걸, 그 다음 날 눈이 너무나 많이 내려 비행기가 뜰 수 없는 상황이 되었고, 결국은 빙판길을 목숨을 내놓고 밤새도록 달려가야 하는 변고가 생긴 것이었다.

마침 그날은 토요일이라 빙판길을 혼자 보낼 수 없다는 그의 배려로 그와 함께 촬영지로 떠나게 되었다.

하지만 촬영지에 도착해 보니 라스트 신 콘티가 바뀌어 남자 주인공과 입맞춤으로 영화의 마지막 장면이 끝나는 것으로 바뀌어져 있었다. 만약 그가 본다면 피튀기는 일이 벌어질 것은 불보듯 뻔한 노릇이었다.

나는 감독님에게 사정사정해서 입맞춤 대신 포옹하는 걸로 콘티를 다시 바꾸어놓긴 했지만 불안한 마음을 영 감출 수가 없었다.

생각다 못해 새벽부터 바닷가로 달려가 스탭들과 먼저 이 장면부터 찍기로 하고, 그는 자다가 천천히 촬영장으로 오게끔 계획을 세워놓았다. 그러나 상황이 나빠질려고 그랬는지 촬영장에서 포옹 장면을 막 찍고 있는데 생각보다 일찍 일어난 그가 촬영 장소인 바닷가로 와서 그 장면을 보게 되는 사건이 벌어지고 만 것이었다.

그리고 거기서부터 서울까지 오는 동안 우리 사이는 참으로 냉랭하고 썰렁했다. 말 한 마디도 안하는 그와 함께 화진포에서 서울까지 먼길을 돌아오는 일은 그야말로 고문에 다름아니었다. 사랑하는 사이가 아니라 원수 사이같이 느껴졌다.

저, 살림하는 여자예요

지금 생각해도 분하고 또 분한 일이 아닐 수 없었다. 나도 그때는 끝까지 아무 이야기를 하지 않았다.

우리 결혼 약속, 없었던 일로 해요!

강원도 바닷가 촬영장에서 있었던 그 사건 이후 우리의 열애는 잠시 소강 상태로 접어들었다.

무언의 침묵으로 나에게 모멸감을 안겨주는 그가 서운하다 못해 밉게 느껴지는 감정도 그랬지만 앞으로 결혼해서 내 평생을 맡겨야 할 사람이 이렇게 속 좁고 작은 남자라는 사실이 더더욱 나를 우울하게 만들었다.

그 무렵, 나는 그와의 문제로 정말 심각한 고민에 빠져 있었다. 우선 그의 연인이기 이전에 나 자신, 최유라라는 여자가 걸어야 할 앞날에 대해 깊이 생각해 보기 시작했다.

물론 앞에서도 설명했듯이 영화배우가 될 뜻은 없었지만 어쩌다 보니 영화를 찍게 됐고, 그 해에 운 좋게도 '대종상 신인여우상'을 받게 됐으며, 그 여세를 업고 방송에 진출 MBC 간판 유아프로인 〈뽀뽀뽀〉의 뽀미 언니를 하면서 그를 만나게 된 것 아닌가?

그리고 〈아직은 마흔아홉〉이라는 드라마를 찍기 위해 과감히 뽀미 언니라는 아이들의 사랑받는 자리를 포기한 것도 앞으로 연기자의 길을 가는데 뽀미 언니라는 이미지가 굳어지면 안 되겠다고 생각해서 내린 중요한 선택이 아닌가?(솔직히 내가 방송

일을 하지 않았다면 그와의 만남은 있을 수 없었던 일인데도 불구하고 내가 방송일을 하게 된 동기가 우리 사랑의 큰 장애물이 되었다는 것은 정말 아이러니가 아닐 수 없다.)

그렇게 크게 내 갈 길을 결정해 놓은 상황에서 사랑 때문에 (사랑이 중요하지 않다는 말은 결코 아니다) 그 사람이 싫어한다는 이유로 내 길을 포기한다는 것은 어찌 보면 거꾸로 그 사람에게 내 일이 별로 중요치 않은 일로 비쳐져 오히려 그 사람으로 하여금 나를 상당히 우습게 보게 하는 행동이 될 수도 있겠다는 생각이 들었다.

뿐만 아니라 앞으로 영화를 하게 되든 드라마를 찍게 되든 솔직히 러브신이 없는 드라마나 영화를 골라 한다는 게 가능한 일도 아니었다.

고뇌에 차서 '죽느냐, 사느냐?'를 중얼거리고 다닌 햄릿처럼 '사랑이냐! 일이냐!'를 중얼거리고 다니면서 꽤 오랫동안 고민을 한 끝에 나는 마침내 결론을 내렸다.

우선 그에게 만나자고 했다. 그리고 커피를 사이에 놓고 마주 앉아 나는 마지막으로 몇 가지를 확인하였다.

"기호 씨! 내가 〈수탉〉에 출연한 것이 그렇게 당신에게 힘겨운 일이에요?"

"사랑하는 여자를 마치 남에게 빼앗긴 것 같은 기분이야. 기분 나쁘고 자존심도 상하고."

"그럼 제가 앞으로 당신에게 어떻게 해야 되죠?"

"……."

"미안하다고 사과하고 용서해 달라고 그렇게 말하면, 그러면 당신이 나를 용서해 줄건가요?"

"……."

"내가 당신에게 미안하다고 사과를 할 때는 내가 잘못을 한 경우에 해당하는 말인데, 나는 당신에게 미안하다는 말을 할 수가 없어요. 왜냐하면 내가 영화에 출연해서 빚어진 이 일은 내가 잘못한 일이 아니기 때문이죠."

"……."

"난 하늘을 우러러 한 점 당신에게든 누구에게든 부끄러운 행동을 한 적이 없는 깨끗한 사람이에요. 당신이 이 일에 대해서 그런 식으로밖에 생각할 줄 모르는 사람이라면 우리가 설사 결혼한다 한들 우리에게 무슨 행복이 있겠어요?"

"……그래서?"

"네, 그래서 생각한 건데 우리 결혼 약속 없었던 일로 해요."

"결혼 약속을 없던 일로 하자구? 그럴 순 없어, 절대!"

"……."

"미안해! 내가 너무 옹졸하게 굴었어. 안나가 그렇게 힘들어 할 줄은 몰랐어. 진심으로 사과할게."

내가 단호하게 결혼 약속을 없던 일로 하자고 하자 그는 자신의 옹졸함을 사과하며 결혼만큼은 결코 양보하지 못하겠다고 나왔다.

생각해 보면 그의 투정은 사랑하는 사람에 대한 일종의 질투였다고나 할까, 혼자만이 소유하고 싶어하는 당연한 욕심이었는지도 모른다.

어쨌든 그렇게 해서 우리는 자칫 헤어질 뻔한 위기를 가까스로 넘길 수 있었다.

사랑을 위해서라면……

그 사람이 나에게 사과를 하고 더욱 단호하게 결혼하자고 나오니까 나로서는 그 동안의 섭섭했던 일들을 사랑하는 사람의 질투쯤으로 치부하고 그냥 넘어갈 수 있었지만 문제는 엄마였다.

엄마는 "내가 우리 유라를 어떻게 키웠는데 그놈(당시 표현이 그랬다)에게 그런 이야기를 들어야 하다니." 하면서 "절대 그렇게 이해심이 없는 놈에게는 내 딸을 줄 수 없다."고 강경한 태도로 나오시는 게 아닌가. 그 통에 양쪽을 오가면서 눈치를 보며 애를 먹어야 하는 건 오히려 나였다.

"엄마! 그 사람이 나에게 사과했다니까."

"사과를 하든 말든 그런 생각을 한다는 것 자체가 문제야."

"엄마는 그럴 수도 있지 뭐."

"뭐라구? 한 가지만 보면 열 가지를 알 수 있다고. 그런 걸 문제삼는 위인이면 분명히 결혼하고 나서도 다른 일로 너를 괴롭힐 수 있는 놈이라니까."

"아이, 엄마는 그 사람 그런 사람 아니야."

"아니긴 뭐가 아냐."

그와 전쟁을 끝내고 나서 이번에는 이런 식으로 매일 엄마와 또 전쟁을 치뤄야만 했다.

엄마의 입장이 얼마나 강경했는지 모른다. 그때까지 내가 만나는 사람에 대해 어떤 간섭도 안 하던 분이 혹시 그를 만날까봐 철저한 감시를 하기 시작했다.

엄마의 눈을 속이면서 그를 만나야 하는 일이 그렇게 어렵고 힘든 일인 줄 처음 알았다. 아무튼 그날부터 깜짝 결혼 발표를 하기까지 그를 만나기 위해 나는 태어나서 처음으로 엄마에게 거짓말을 해대기 시작했다.

내 스케줄을 빤히 꿰차고 있는 엄마에게 둘러대는 것도 한두 번이지, 하루에 열두 번을 봐도 새록새록 새로운 감정이 솟아날 정도로 좋은 사람을 만나자마자 헤어져 집으로 가야 하는 일은 정말 고통이 아닐 수 없었다. 한숨이 푹푹 나오고 나중에는 도저히 안되겠다 싶어 내 나름대로 결단을 내려야만 했다.

어릴 때부터 엄마 말이라곤 한 번도 거역한 적이 없는 내가 그 사람을 만난다는 걸 엄마는 이해하지 못하겠다는 입장이셨다. 나는 나대로 절대로 엄마 말을 거역하지 못한다는 걸 잘 알고 있었다.

고등학교 때나 대학교 때도 어린아이 다루듯 내 시간을 한 번도 안 주는 엄마에 대한 반항심이 있기도 했지만 낮 동안에는 그런 생각에 젖어 있다가도 저녁이면 터덜터덜 엄마 품으로 돌아가곤 하던, 나는 정말 말 잘 듣는 착한 아이였다.

하지만 결혼만큼은 절대 엄마에게 양보하고 싶지 않았다. 다른 일이라면 몰라도 사랑하는 사람을 엄마가 반대한다는 이유로 잃고 싶지는 않았던 것이다.

맹씨! 우린 천생연분인가봐

어떤 방법이 제일 좋을까?

이런저런 궁리를 하고 있는데 엎친 데 덮친 격으로 사건이 또 터지고 말았다. '스포츠 서울'에 내가 누군가를 사귀고 있다는 기사가 실린 것이었다.

나는 지금도 그 기사가 어떻게 해서 나갔는지 모른다.

그 기자와 나는 인터뷰를 한 적도 없고, 그와 사귀고 있는 사실은 MBC 방송국 내에서도 아주 친한 몇몇 사람만 알 정도였으므로 언론에 새어나갈 염려가 전혀 없었기 때문이다.

당연히 집에서는 그 기사로 인해 발칵 뒤집혔다.

엄마는 분명 그놈이 언론에 사실을 흘린 거라며 흥분을 해댔고 그의 결백을 믿는 나로서는 절대 그럴 리가 없다고 주장했다. 그러다가 '아예 내가 그와 결혼을 발표하면 엄마 마음을 바꿀 수 있지 않을까?' 하는 생각이 얼핏 들었다.

그래서 나는 서둘러 평소 친하게 지내던 '스포츠 조선'의 윤태섭 기자에게 전화를 했다.

"저 최유란데요, 제 결혼 기사 좀 내주세요."

다음 날 그와 나란히 찍은 사진이 신문에 실렸고, 엄마는 또 펄펄 뛰고 난리가 났다.

하지만 이미 기사는 나갔고, 엄마도 더 이상 돌이킬 수 없다고 생각했는지 결국 우리의 결혼을 승낙하였다. 우리는 1991년 10월 9일 대방동 해군회관에서 딴따다단 웨딩마치를 울리며 보란듯이(?) '행복 출발'을 외쳤다.

이혼을 생각하다

신혼 초, 결혼식을 하고 나서 하와이로 간 신혼 여행이 내게는 가장 행복한 추억으로 남아 있다.

그때까지 한 번도 여행을 다녀본 적이 없는 내가 외국 나들이를 한 것만도 미치도록 설레이는 일인데, 그것도 사랑하는 사람과의 여행이었으니 하와이에서의 일주일은 한마디로 말해서 더없이 달콤하고 행복한 나날이었다.

하지만 그 행복은 신혼 여행이 끝남과 함께 잠시 접어둬야만 했다. 새신랑이 된 그가 그때부터 무슨 까마귀 고기를 먹었는지 또다시 영화 문제로 슬슬 나를 괴롭히기 시작했기 때문이었다.

그때부터 시작된 나와 그와의 전쟁!

그것은 마치 영화 〈장미의 전쟁〉을 방불케 하는 싸움이었다. 하나의 예를 들자면 우리는 함께 영화를 볼 수가 없었다. 왜냐하면 영화를 보다가 싸우는 일이 비일비재했기 때문이다.

솔직히 창피해서 일일이 그 싸움의 형태나 우리 사이에 오간 말들을 나열하고 싶지는 않다. 하지만 나는 그 문제로 신랑과 싸우면서 참 많은 생각을 하게 됐다.

그는 왜 결혼 전에 분명 끝난 얘기를, 그것도 자기가 미안하다고 사과까지 한 얘기를 불과 얼마 되지도 않아서 다시 꺼내는 걸까? 그리고 왜 자꾸 들춰내서 나뿐만 아니라 자기까지도 속상하게 만드는 걸까?

그는 자신이 무심코 하는 이야기가 듣는 사람에게는 가슴에 얼마나 큰 상처로 남을지를 생각해 보기는 했을까? 아무튼 우리는 더할나위없이 사랑하는 두 사람이었지만 행복한 신혼 생활에 있어 그 문제는 치명적인 요소로 작용을 해왔다.

나는 심각하게 이혼을 고려해 보기 시작했다.

아마 이 책을 보게 된다면 남편도 내가 이혼을 생각했었다는 사실에 깜짝 놀랄지도 모르지만 나는 굉장히 오랫동안 진지하게 고민을 해왔다. 큰아이 준영이를 갖고도 이 문제는 심심찮게 우리 사이에 걸림돌로 작용, 나는 아이도 낳고 싶지 않을 정도의 우울한 심정이었다.

결혼하기 전 나는 이혼이라는 단어는 정말이지 단 한 번도 생각해 본 적이 없었다. 게다가 우리가 어떻게 한 결혼인가? 나로서는 생전 처음 엄마에게 반항하고 속여가면서까지 한 결혼이 아니던가?

물론 더 어렵게 결혼하는 커플도 많겠지만 우리의 결혼도 그다지 순조로웠던 건 아니었다. 하지만 언제부턴가 싸움을 하다가 나는 가만히 우리의 문제에 대해 하나둘씩 정리해 보기 시작했다.

우리의 싸움에는 내 영화 문제로 인한 것도 있었지만 사실 그때까지 다른 환경에서 다른 교육을 받고 자란 사람들이 맺어져서 사는 생활이기 때문에 빚어지는 이런저런 사소한 싸움도 있었다. 그것들은 너무나 사소한 일이라 일일이 예를 들기는 어렵지만 일상 생활에서 빚어지는 그런 자잘한 문제가 사실 내게는 너무나 중요하게 다가왔다.

최유라가 이혼을 한다?

물론 힘들고 이해되지 않는 부분을 감수하지 않아도 된다는 그런 홀가분함은 있겠지만 정말 사랑이란 무엇일까?

하지만 나는 어느 순간 깨달았다. 그를 사랑한다면 그와 이혼하지 말자. 그에게 부족하고 지나친 것이 있다면 가르쳐주자. 내 행복은 다시 말해 그 사람과 가정을 잘 꾸려갈 때 가능한 것이 아닌가. 그리고 그것이 진정한 행복이 아닌가.

나는 지금까지의 내 생각을 바꾸기로 했다. 아울러 아내이면서 그의 투정을 받아주고 어루만져 주는 엄마가 되기로 했다.

그렇다면 우선 작은 일에부터 마음을 여는 자세가 필요했다. 나는 아내로서, 또 엄마로서의 역할을 위해 그의 모든 것을 하나씩 받아들여 나갔다.

내 남편 맹씨가 최유라가 진정으로 자기를 사랑하고 아낀다는 걸, 그리고 그 때문에 이혼을 생각하기까지 했었다는 그 엄청난 사실을 알까?

아마 그건 모를껄……

엄마! 언제나 목이 메이는 이름

결혼한 지 벌써 7년!
하지만 두 아이의 엄마가 된 지금도 나는 여전히 우리 엄마가 무섭다.

무슨 일을 할 때마다 엄마가 뒤에서 눈을 부라리며 쳐다보고 있는 것 같다. 혹 내가 잘못하는 건 아닐까 다시 한 번 생각해보게 되고, 사소한 결정을 할 때도 엄마라면 이럴 때 어떻게 했을까 하면서 엄마에게 타박 듣지 않으려고 애쓰고 있다.

내가 무언가 잘못하면 엄마는 내가 준영이, 진영이의 엄마라는 사실도 잊어버리고 무조건 어린 시절처럼 매라도 드실 게 뻔하다. 그래서 나는 무슨 일이 생기면 항상 엄마에게 의논하고 또 잘못하지 않으려고 노력하며 산다.

누가 들으면 농담이라고 할지 모르지만 우리 엄마는 지금도 간혹 매를 드는 게 사실이다. 어렸을 때는 조금만 잘못하면 바로 그 자리에서 회초리가 날아왔다. 하도 따끔하게 야단을 쳐서 찔끔찔끔 눈물을 쏟은 적이 한두 번이 아니다.

큰 잘못을 한 것도 아니고 사소한 잘못을 했는데도 엄마는 무슨 큰일이 난 것처럼 절대 그렇게 해서는 안된다며 매를 드셨는데 지금 생각해 보니 그건 매우 잘하신 일 같다.

지금도 어렸을 때 엄마에게 빗자루(나무로 된 방비 말이다) 손잡이 부분으로 맞으며 너무 아파서 소리도 제대로 못 지르던 그런 기억이 많이 남아 있다.

너무 엄격해서 어린 시절엔 엄마가 계모인 줄 알았던 때가 종종 있었다. 시험 기간 중에도 엄마는 내가 100점을 받아오지 않으면 호되게 야단을 치셨고, 2등을 하면 쳐다보지도 않았으니 어린 마음에 계모가 아니고선 어떻게 저럴 수 있을까 하고 생각했었다.

그뿐인가. 명절날이 돌아오면 다른 집에선 어린 딸들 손 미워진다고, 또는 안쓰러워서도 별로 일을 시키지 않는데(심지어는 결혼할 때까지 물에 손 한 번 안 담그는 아이들도 있다는데) 엄마는 어린 우리들에게 부침이, 만두 등을 몇백 장씩 꼬박 앉아서 부치고 빚게 하였다.

그러나 다 그 덕에 내가 결혼한 후 별로 힘 안 들이고 살림하고 일까지 하면서 잘살고 있는지도 모른다. 그렇게 생각하면 물 한 번 안 묻히고 공주처럼 키우지 않은 엄마의 가정 교육이 굉장히 현명하셨던 것 같다.

우리 엄마 사전에 2등이란 결코 있을 수 없었다. 그래서 초등학교 때부터 고등학교 졸업할 때까지 그 1등을 놓치지 않기 위해 나는 오로지 공부에만 전념해야 했던 별로 재미없는 모범생이었다.

하루의 스케줄이 엄마의 수첩에 적혀 있어 학교 갔다 집에 오는 시간에서 조금만 어긋나도 허용치 않았으니 친구들 손잡고 떡볶이를 먹는다든가 친구네 집에 들러서 놀다온다든가 하는 일은 꿈도 못 꿨다. 그때는 엄마가 너무나 미워서 괜한 반항심에 툴툴거려 보기도 했지만 저녁이 되어 귀가 시간이 되면 영락없이 집으로 향할 수밖에 없는 나는 엄마의 착한 딸이자 모범생이었던 것이다.

1등을 놓쳐서는 안된다는 것 때문에 중학교 3학년 때 처음으로 엄마는 그룹 과외를 시키셨다. 그런데 나보다 일찍 그룹 과외를 시작한 학생들에게 내가 밀리는 것 같다고 판단한 엄마는 그 그룹 과외에 대비하기 위한 또 다른 과외를 주선, 그룹 과외가 끝나고 집에 돌아오면 나는 그 과외 수업에 대비하기 위한 과외를 또 해야 했으니 엄마가 맏딸인 내게 쏟은 정성이 어느 정도인지 아마 충분히 짐작할 수 있을 것이다.

엄마의 그러한 과보호는 대학까지도 이어졌고 내가 연예인 생활을 하면서도 결코 달라지지 않았다. 보통 드라마 출연이나 다른 일을 해도 마찬가지로 일이 끝나고 나면 뒤풀이라고 해서 밥을 먹고 2차로 술집에도 가고 노래방이나 나이트 클럽에도 가서 팀들이 재미있게 노는 경우가 간혹 있는데 엄마는 절대 뒤풀이 참석을 허락지 않으셨고 일만 끝나면 딱 지키고 있다가 나를 데려가곤 했던 것이다.

그래서 한때는 이렇게 숨막히는 엄마의 품으로부터 빨리 도망가고 싶다는 생각이 간절할 때도 있었다. 하지만 생각만 그랬지 늘 현실 속에선 엄마의 과보호 속에서 놓여날 수가 없었다.

앞에서도 얘기했지만 엄마의 이러한 과보호에서 벗어날 수 있었던 것은 결혼이었다. 오로지 순종만 하던 내가 사랑하는 사람만큼은 내 뜻대로 놓치지 않았으니 말하자면 나는 그 강철 같은 엄마의 과보호를 떨쳐버리고 결혼에 성공한 셈이다.

하지만 결혼하고 두 아이의 엄마가 된 지금 나는 정말 엄마의 그 끝없는 내리사랑에 대해서 뭔가 알 것 같다. 그래서 이런 엄마를 나에게 주신 하느님께 깊이 감사드리고 있다.

결혼할 당시 우리집은 땡전 한푼 없이 거리로 나앉을지도 모를 정도로 어려운 지경에 처했었다. 작은 아버지 사업에 담보로 잡혀준 우리집이 그만 부도가 나는 바람에 날아가게 된 것이었다. 하지만 엄마는 그런 와중에도 내가 섭섭지 않게, 당시 우리 형편엔 좀 과하다 싶을 정도로 혼수를 해서 나를 시집보냈다.

도대체 그 어려운 때에 어디서 그런 돈이 나서 혼수를 장만했나 했더니 내가 대학 시절 받은 영화 출연 개런티부터 시작해서 방송일 하면서 받은 바우쳐(출연 사례금)까지 단 일원도 쓰지 않고 저금했다가 고스란히 혼수 장만에 쓰신 것이었다. 물론 엄마가 틈틈이 부어온 적금까지 보태서 말이다.

어디 그뿐인가. 나는 정말 엄마의 세심하고도 끝없는 사랑에 감격의 눈물을 흘리고 말았다. 신혼 여행을 갔다온 날 집에 도착해보니 세상에나, 금방 살림을 하는 데 아무 지장 없도록 양념 일체는 물론이고 냉장고며 싱크대 등 내 손길이 닿는 곳마다 자세한 설명을 적은 쪽지편지들을 일일이 붙여놓으신 게 아닌가.
 음식할 때 쓰는 저울부터 시작해서 베란다에 널어놓은 빨랫줄까지 무엇 하나 불편없이 준비해 놓은 엄마의 마음 씀씀이에 나는 왈칵 목이 메어왔다.
 그러다가 식탁 위에 써놓고 간 편지를 읽으면서 급기야는 울음을 터뜨리고 말았다.

 TO-안나, 요셉.
 사랑하는 아들아 그리고 내 딸아.
 힘들고 마음은 무거워도 너희들 생각에 기쁘다.
 열심히 살며 사랑·믿음·신뢰를 저버리지 않는
 행복한 부부가 되거라.
 아침 식사 잊지 말고
 문단속 잘하고
 시부모님께 매일 문안 전화 드리고
 시누이들 시동생 사랑하거라.
 너희들의 행복을 지켜보면서
 기도 잊지 않으마. -10월 12일 밤에, 이곳을 나서면서

 사실 그때까지 엄마의 과보호에 대한 불편함이 계속 남아 있었는데 그날 편지를 읽으며 나는 너무나 행복했다. 우리를 이렇게까지 사랑하시다니. 그날 나는 행복에 겨워서 누가 보건말건 눈물을 펑펑 쏟았다.
 결혼과 함께 내가 이 소중한 것들을 알 수 있었으니 정말 다

행이 아닐 수 없다. 과연 나도 그만한 사랑과 열정으로 우리 엄마를 사랑하고 내 아들딸을 사랑할 수 있을지 걱정이다.

쓰레기 종량제가 시작되고 얼마 되지 않았을 때였다.

아직도 김치나 된장·고추장 같은 것은 엄마가 담가다 주기 때문에 그 먼 수원에서 무거운 것을 들고 우리집에 오실 때가 왕왕 있었다.

하지만 나는 그저 엄마가 왔다 가시려니 하고 별 생각 없이 있었는데 하루는 우리 아파트 경비 아저씨 하시는 말씀이 "아유, 번번이 어머니한테 미안해서." 하면서 나를 보더니 느닷없는 얘기를 꺼내시는 것이다. 나는 무슨 일인가 싶어 "왜요? 아저씨! 우리 엄마한테 왜요?" 하고 물었다. 그러자 경비 아저씨 왈, 그 동안 엄마가 오실 때마다 "우리 아이가 혹 바빠서 쓰레기를 제대로 분류하지 못하고 버리더라도 아저씨가 좀 이해하고 도와주세요." 하면서 각별히 부탁을 하시고 용돈을 드리고 간다는 것이다. 그것도 오실 때마다 잘좀 신경써 달라며 번번이 용돈을 드리고 부탁을 하셨다니, 그 얘기를 듣는 순간 나는 갑자기 멍해지는 느낌이었다.

지금 나는 사고 싶은 옷을 어느 정도 마음 내키는 대로 사는 편이고 그렇게까지 알뜰하게 살려고 하는 편은 아니다. 그러나 결혼 초 한 3년까지는 옷이며 가방 등은 일체 사지 않고 그냥 버텼다.

그런데 그 당시는 엄마도 돈이 궁할 때인데 내 신발이며 가방, 아이들 옷을 일일이 신경을 써서 마련해 주시는 것이었다. 분명 당신의 용돈을 줄여가며 사다 주시는 물건들임에 틀림없었다.

나도 선뜻 사기 힘든 좀 값이 나가는 가방이라든가 살롱화, 아이들 옷까지 엄마는 챙겨주셨다. 명색이 연예인인 딸내미가 초라하게 하고 다니는 모습이 보기에 안됐었던 모양이다. 사재를 몽땅 털어서 올 때마다 이것저것 사다주시던 엄마는 나를 붙들어 앉히고 몇 마디 당부의 말도 잊지 않았다.

"사람들에게 인사 잘하고 다녀라. 건방져 보이지 않게."
"식구들에게만 잘하지 말고 시부모님께도 잘해라."
"남편 아침 식사는 절대 거르지 말아라."

행여라도 안팎으로 내가 누구 눈에 거슬릴까봐, 혹은 집안 살림 잘못할까봐 꼬박꼬박 챙기는 엄마의 마음!

사실 우리 엄마는 자궁암을 앓고 계시는 환자이다.

하지만 당신 걱정할 틈도 없이 엄마는 내 걱정부터 하기 바쁘시다. 몇 년째 자궁암을 앓고 계셔서 수술을 해야 하는데 이상하게 수술 날짜만 잡아놓으면 다른 일이 생겨 수술을 미루고 있는 형편이다.

올해에도 3월에 수술 날짜를 잡았었는데 덜커덕 아빠가 먼저 수술을 하게 되는 바람에 엄마는 아빠 간호를 위해서 병원에 들어가 누울 수가 없었다.

다행히 악성이 아니라 버텨내고 계시지만 자궁암을 앓느라 팅팅 부우신 얼굴로도 내게 줄 김치를 들고 나타나는 우리 엄마! 엄마의 그 끝없는 내리사랑을 이 딸이 만 분의 일이나마 갚을 수 있을런지……

엄마! 제발 건강하게 오래오래 제 곁에 머물러 주세요.

저, 살림하는 여자예요

아빠! 제발 건강하세요

아빠!
결혼을 해서 두 아이의 엄마가 된 지금도 아빠 딸 안나는 아직도 아빠를 아버지라고 부를 수가 없답니다. 아빠만 생각하면 아직도 철없는 아이로 돌아가는 아빠 딸 안나일 수밖에 없기 때문이에요.

아빠! 제가 초경을 했을 때 케익을 사들고 와선 축하해 주시던 것 기억하세요? 여자가 된다는 게 뭔지 몰라서 부끄럽게 여기고 당황해 하던 저에게 그런 부끄러움을 잊고 여자로서의 행복한 출발을 맞게 해주신 아빠! 아마 이런 축하를 받은 아이는 그리 흔치 않을 거란 생각이 든답니다.

그뿐인가요? 발렌타인 데이나 화이트 데이에도 딸들에게 잊지 않고 꼭 사랑의 초콜릿을 전하셨잖아요. 아마 그래서 저는 다른 아이들처럼 중·고등학교 시절 마음에 드는 선생님이나 남학생이 없었던 것 같아요. 아빠가 가장 멋있는 남자로 내 마음 속에 들어 있으니 누군들 마음에 찼을 리가 있겠어요.

낚시를 좋아하셔서 견지낚시를 가실 때면 나와 정임이를 항상 데리고 다니며 자연에 대한 이야기를 전해 주시고 좋은 풍경들도 마음껏 보게 해주셨던 아빠! 엄마에게 매를 맞고 나서 훌쩍거리다 잠이 들면 포근하게 품어 주시며 다독여 주시던 아빠! 전 늘 그런 아빠가 있다는 게 큰 빽이자 자랑이었어요.

그런데 그런 아빠가 몸이 편찮으시다니, 저는 지금 누구보다도 마음이 아픕니다.

아빠! 요즘 밤마다 하는 저의 기도는 '아빠의 건강을 되찾게 해주세요'랍니다. 주일마다 미사에 참석하지 못하는 안나이긴 하지만 그래도 아빠에 대한 기도만은 하루도 빠지지 않고 늘 마음 속으로 하고 있답니다.

아빠가 수술 날짜를 받은 날! 아침 일찍 수술실에 들어가신 아빠가 채 수술실에서 나오는 것도 못 보고 할 수 없이 방송을 하러 가야만 했던 그때의 제 심정 이해하시겠죠? 정말 아빠께 말할 수 없이 죄스럽고 걱정되어 어떻게 방송을 끝마쳤는지도 모를 정도였습니다.

무려 7시간이 넘는 대수술을 하고 나오신 모습을 방송이 끝나고서야 가 뵐 수 있었죠. 그리고 세상에, 동맥 힘줄을 찾아내기 위해서 다리 아래까지 찢어 놓은 그 처참한 모습이란, 차마 메어지는 가슴을 어찌지 못해 저는 복도로 뛰쳐나와 소리내어 울었답니다.

아빠! 이제는 제발 담배 좀 피지 마세요. 아빠만을 위해서가 아니라 우리 식구들 모두를 위해서 말이에요.

아빠가 수술을 받기 전날 의사 선생님이 뭐라고 했는지 아세요? 심근경색증인 아빠를 처음 풍선요법으로 수술할 때만 해도 별말이 없이 '괜찮다'고 하더니, 만일 내일 수술을 하더라도 생명을 책임질 수가 없다는 거예요.

엑스레이로 찍어봤더니 이미 폐 주위의 근육이 거의 까맣게 죽어 있어서 수술을 해도 돌아가실 가능성이 60퍼센트요, 혹 살아난다 하더라도 절제 부분에 바이러스가 침투해 합병증을 일으키면 도리가 없다는 거예요. 게다가 아빠의 콩팥 기능이 정상인의 10분의 1밖에 안된다는 온통 절망스런 얘기만 했답니다. 얼마나 기가 막히던지 '그러면 뭐하러 수술을 하느냐'고 의사에게 제가 막 대들었을 정도니까요.

다행히 수술이 성공리에 끝났고, 만의 하나 합병증을 일으킬까봐 엄마와 내가 그 후로도 얼마나 마음을 졸이며 기도를 했는지 아세요. 그 덕분인지는 몰라도 다행히 지금은 건강을 되찾으셔서 가끔씩 약국에 나가시기도 하는 아빠를 보면서 저는 진심으로 하느님께 감사 기도를 드린답니다.

사실 살아오면서 아빠가 있다는 게 정말 중요하고 큰 힘이 됐어요. 그것을 처음 느낀 것은 바로 제가 영화 〈수탉〉에 출연할 때였어요. 한다 안 한다는 문제로 실랑이를 벌이고 있을 때, 되는 것에 이유가 있듯 안 되는 것에도 분명한 이유가 있어야 된다며 탁상공론으로 그치지 않고 밤새도록 신승수 감독님의 작품을 비디오로 빌려다 보시던 아빠! 그리고 마침내 믿을 수 있다며 저의 영화 출연 결정을 확실하게 내려주시던 아빠의 그 모습에서 엄마와는 또 다른 아빠의 힘을 느낄 수 있었답니다.

　아빠! 제가 결혼을 할 때도 작은아버지가 하던 사업이 부도가 나서 담보로 보증을 서 주었던 우리집이 남의 손에 넘어갈 수밖에 없게 됐을 때, 아빠로서 그렇게도 사랑하는 큰딸이 시집을 가는데 홀가분한 마음이 아니셨다는 것과 혼수를 넉넉하게 마음껏 해줄 수 없는 미안함으로 혼자 마음 끓이셨던 것 저 다 알고 있어요.

　아빠 집안에서 일어난 일이라 엄마에게 큰소리 한번 칠 수도 없고 엄마와 내 눈치를 보실 수밖에 없었던 아빠!

　하지만 어때요. 지금은 저 누구보다도 잘살고 있잖아요. 이제는 아빠 건강만 신경쓰시고 건강하게 오래도록 우리 가족과 함께 있어 주세요.

　그리고 부탁 한 가지만 할게요. 담배를 끊으시면 안 될까요. 계속 담배를 피다가 또 쓰러지실까봐 겁나거든요.

　아빠! 담배 피지 마시고 제발 건강하게 오래오래 안나 곁에 함께 있어 주세요.　- 아빠의 영원한 딸 안나가.

내 동생 정임이

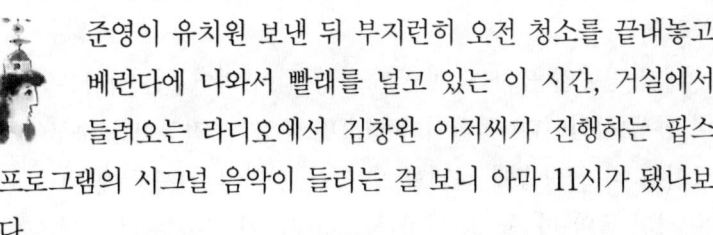

준영이 유치원 보낸 뒤 부지런히 오전 청소를 끝내놓고 베란다에 나와서 빨래를 널고 있는 이 시간, 거실에서 들려오는 라디오에서 김창완 아저씨가 진행하는 팝스 프로그램의 시그널 음악이 들리는 걸 보니 아마 11시가 됐나보다.

마지막 빨래를 툴툴 털어서 널어놓고는 모처럼 허리를 펴고 눈을 들어 베란다 너머로 밖의 하늘을 쳐다보니 그렇게 청명할 수가 없다.

계절의 여왕 5월이라 장마라 하기엔 아직 이른데도 요즘 들어 이상하게 비가 자주 내린다. 그저께 밤에도 천둥소리에 놀라 자다가 깨어나지 않았던가.

비가 자주 내려 세상이 깨끗해진 탓인지 하늘이 가을 날씨처

맹씨! 우린 천생연분인가봐

럼 쨍 하게 파랗고, 그 파란색 위에 하얀 뭉게구름이 마치 봄날 목련꽃이 피어난 것처럼 하늘 여기저기에 가득 피어올랐다.

하얀 목련꽃 같은 구름을 쳐다보고 있자니 그 위로 자연스럽게 정임이 얼굴이 떠오른다. 아마 지금쯤 정임이는 우리집에 오기 위해 수원 집을 나서고 있을 것이다. 그리고 좀처럼 잘 오지 않는 버스를 기다려 타고 수원역에서 내린 다음 기차를 탈 것이다.

전철을 이용하는 날이 대부분이지만 가끔 시간이 맞으면 기차를 타고 오기도 하는데 오늘은 기차를 타고 온다고 했으니까 아마 지금쯤 기차역으로 가고 있으리라. 수원에서 기차를 타고 올 때는 영등포에서 내리니까 또 그곳에서 목동 들어오는 버스를 타고 2시간쯤 뒤인 오후 1시가 되면 어김없이 우리집 벨을 누르리라.

내가 방송일을 하는 데 있어 가장 힘이 되어주는 사람은 사실 내 동생 정임이다. 정임이가 없으면 준영이, 진영이를 누구에게 맡기고 나가 방송에 전념할 수 있을 것인가. 방송국에 나가 있는 시간 동안 마음놓고 아이들을 걱정하지 않아도 되는 것은 바로 정임이가 있기 때문에 가능한 일이다.

정임이는 대학때 유아교육을 전공해서 아이들을 잘 돌보기도 하지만 자기 조카라고, 또 이 언니를 도와주기 위해 다른 일 다 젖혀두고 그 먼 수원(우리집은 수원에서도 벽촌이라 할 정도로 변두리에 있다)에서 하루도 빠짐없이 오후 1시만 되면 우리집에 온다.

요즘은 내 방송일이 늘어나다 보니까 시도 때도 없이 올 때가 많다. 월요일은 〈밤의 이야기쇼〉 녹화가 있어서 새벽에 일어나서 와야 하는데도 불평 한 마디 없다. 여기저기서 섭외 들어오는 프로그램을 매번 거절하기도 뭣해서 그 때마다 정임이에게 와달라고 하는데 그 먼 곳에서 짜증 한 번 내는 법이 없이 달려오는, 미안할 정도로 마음씨 착하고 고운 동생이다.

'햇살나라' 이야기를 할때 정임이에 대해서 잠깐 더 얘기하겠지만 정임이는 원래 수녀가 되려고 했던 아이다. 우리집은 워낙 집안 대대로 가톨릭을 믿어온 집안이라 사실 정임이만 그런 게 아니라 나도 한때는 수녀가 되고 싶어했던 적이 있었다.

지금도 나는 오드리 헵번이 주연했던 영화 〈파계〉를 잊을 수가 없다. 깨끗하고 아름답던 오드리 헵번이 수녀로 분한 그 모습을 보면서 이 다음에 나도 꼭 수녀가 되리라는 꿈을 키웠으니까 말이다.

그런데 나는 중간에 그 꿈을 일찍 접어버리고 결혼을 했고, 정임이는 그 꿈을 실제로 이루고자 학교를 졸업하자마자 수녀원으로 향했다.

하지만 정임이는 결국 다시 속세로 돌아와야 했다. 영화 속의 오드리 헵번처럼 사랑하는 남자를 만나서 속세로 돌아온 것이 아니라 안타깝게도 병이 들어 할 수 없이 엄마가 데리고 온 것이다.

정임이가 있던 '성가소비녀회'는 미아리에 있는 수녀원으로 주로 고행을 쌓고 봉사를 하는 곳이다. 그곳은 '주님의 여종'으로 사는 길을 뜻으로 세운 수녀원인지라 온갖 행려병자들의 손발이 돼야 하고 영아원이나 양로원 등으로 다니면서 궂은 일을 도맡아 해야 하는 그런 곳이다.

그러다 보니 치매 증상이 있는 할머니들의 대소변을 받아내는 것은 물론, 종일 씻기고 시중을 들어야 한다. 그럼에도 정신이 온전치 못한 할머니들이 봉사하는 수녀들의 손이나 얼굴을 죄다 할퀴어놓고, 때로는 가두어놓고 두들겨 패기도 한단다. 그런 봉변을 겪기 일쑤여서 엄마는 가끔 면회를 갔다오시면 정임이 손이나 얼굴에 난 멍자국이나 손톱자국 때문에 한숨을 푹푹 내쉬며 가슴 아파했다.

나는 실제로 볼 기회가 없어서 몰랐지만 수녀원에서 대학교 축제 기간에 기숙사 오픈 하우스 하듯 부모나 친지들을 초청하는 날 직접 면회를 갔다가 마침 그러한 모습을 볼 수가 있었다.

그때 나는 너무나 오랜만에 보는 동생이라 반가워서 어쩔 줄 몰라했는데 정작 정임이 얼굴에는 반가운 기색이 전혀 떠오르질 않았다. 너무나 초연한 표정으로 엄마와 나에게 "오셨습니까?" 하고 의례적인 인사만 했다. 그 감정의 변화가 없는 얼굴만으로도 화가 날 지경인데, 몇 마디 얘기를 주고받을 틈도 없이 준비할 게 있다며 안으로 쏙 들어가버리는 것이 아닌가.

그토록 마음의 무장을 단단히 했던 정임이를 다시 집으로 데리고 온 것은 엄마였다. 수녀원에 간 지 한 3년 됐을까, 엄마와 함께 돌아온 정임이의 몰골은 말이 아니었다. 머리에 온통 부스럼이 생겨서 그 형상을 차마 눈뜨고 볼 수도 없는 데다가 얼굴은 퉁퉁 부어서 물이 잔뜩 들은 풍선 같은 꼴을 하고 있었다. 물론 디스크가 생겨 허리는 허리대로 못쓰는 상태로 말이다.

사실 수녀원에는 들어가는 것보다 나온다는 게 더 힘들고 어려운 일이라고 한다. 주님의 여종으로 살기를 맹세하고 수녀원에 들어갔다가 중간에 포기한다는 것은 너무도 불명예스러운 일이기 때문이다. 하지만 어떡하랴. 다행히 종신허원을 받기 전에 돌아왔으니 파계를 했다고는 볼 수 없는 것을 그나마 위로로 삼을 수밖에.

어릴 때부터 장녀인 나에게 치여 사실 정임이는 엄마의 보살핌이나 사랑을 나보다는 덜 받고 자랐다. 엄마가 하도 장녀인 나에게 극성(?)을 부리는 통에 정임이에게 신경을 덜 쓰긴 했지만, 정임이 성격이 워낙 착하고 양보심도 많은 편이라 뭐든지 좋은 것 예쁜 것이 있으면 오히려 언니에게 양보하기까지 했다. 질투를 하는 법도 없어 으레 그러려니 하다 보니 나 또한 매사에 동생보다는 나 먼저 생각했던 게 사실이다.

그럼에도 정임이는 나뿐만 아니라 친구들에게도 내게 하는 것처럼 매번 양보만 하고 착하게 구는 아이였다. 한마디로 타고난 천성이 정임이의 세례명처럼 '마리아' 같은 아이다.

보통 웬만한 집안에서 딸이 수녀가 된다고 하면 '안된다'는 태도를 보이는 것이 정상이지만 우리집은 정임이가 수녀가 된다고 했을 때, 착한 정임이가 험한 세상에 부대끼며 도저히 살 수 있을 것 같지가 않아 반대는커녕 오히려 환영을 했을 정도였다.

그렇게 내 동생 정임이는 이 험한 세상을 살아나가면서도 절대로 때가 묻지 않는 하얀 백지 같은 독특한 아이다. 오늘 문득 하늘에 핀 하얀 목련꽃 같은 구름을 보면서 '정임이' 생각이 더욱 간절해진 것은 하얀 정임이의 마음씨 때문이리라.

벌써 정임이 나이가 올해 스물아홉이다. 간혹 혼담이 오고가기도 하는, 내 눈에는 마냥 아기 같기만 한 정임이가 벌써 노처녀로 불리는 나이라니 나도 믿어지지 않지만 이제는 좋은 남자 만나서 시집가야 할 나이가 된 것이다.

어떻게 보면 수녀원에서 집으로 돌아왔을 때 내가 데리고 '햇살나라'를 하는 게 아니고 차라리 사회 생활을 해보게 했더라면 좋았을 걸, 하는 후회의 마음도 있다. 천성이 착한 아이지만 사람들과 부대끼면서 살아나가다 보면 적당히 모도 나고 둥글어지지 않았을까? 정임이가 없으면 안심하고 일을 할 수가 없으니까 그런 내 이기심이 정임이의 꽃 같은 청춘을 붙잡은 것은 아닌지 요즘은 영 마음이 편치가 않다.

정임이가 결혼을 해서 한 남자의 아내가 된다면 남편을 하늘같이 알고 살 아이다. 사실은 그래서 엄마와 나는 정임이의 배필로 이해심이 많은 남자, 정임이를 다독이며 사랑해 줄 그런 나이 차가 좀 많이 나는 사람을 원하고 있다. 정임이를 아내보다는 딸처럼 보살피면서 사랑을 듬뿍 줄 수 있으려면 정임이보다 한 열 살 정도는 위여야 하지 않을까 싶은 것이다. 정임이가 결혼을 하면 살림 솜씨도 아이 키우는 것도 나보다 두 배는 더 잘할텐데……

감동, 깜짝쇼!

시어머니와 며느리!
물론 그 이름과 입장은 분명히 다르지만 시어머니도 과거에는 또 한 분의 며느리였던 만큼 며느리의 입장을 가장 잘 알고 이해해 줘야 하는 사람이려니 하고 나는 생각했었다. 며느리였던 시기만 다를 뿐 분명 같은 입장에 처한 시절이 있는, 학교로 치면 선후배 같은 사이가 바로 시어머니와 며느리 사이가 아니던가.
그런데 그런 나의 생각이 얼마나 낭만적이고 막연한 것인 줄을 내가 진짜 며느리가 되고 나서야 깨닫게 되었다.
이렇게 이야기를 하니까 혹 내가 무슨 고된 시집살이를 하고 있는 걸로 생각하실 분도 계시겠지만 결코 그런 것은 아니고, 단지 7년 동안 시어머님을 대하면서 시어머님 행동에 내가 서운하게 느꼈던 작은 부분을 이야기하면서 왜 시어머니와 며느리 사이는 이렇게밖에 될 수 없는가 하는 것을 생각해 보고자 함이다.

결혼 전 시어머님을 처음 뵈었을 때 참으로 인자하고 정이 많으신 분이라는 인상을 받았었다. 자그마한 체구에 웃는 모습의 인상은 정이 많은 우리 친정 엄마랑 도무지 전혀 다를 게 없었다. 게다가 내가 어느 정도 당신의 며느리가 된다고 마음을 정하셨을 때 나를 붙잡고 하시는 말씀이 "맹씨 집안에 시집을 왔을 때 돈은 없어도 식구들이 너무나 많은 사랑을 주셔서 행복했다"고 하시며 이 다음에 며느리를 보면 당신이 받은 사랑은 물론이요, 돈도 어느 정도 줄 수 있는 그런 시어머니가 되고 싶다는 소망을 품었다고 하시는 게 아닌가.

물론 나는 호화 혼수를 받은 건 아니지만 어머니 형편에 넘치실 만큼 며느리에게 최대한의 선물을 해주셨고 그런 시어머님의 사랑을 아는지라 나 또한 결혼 이후 어머님께 잘하려고 노력하고 있다. 하지만 그래도 고부 사이는 어쩔 수 없는 면이 있나 보다. 이상하게 아무것도 아닌 말에 신경이 쓰이는 걸 보면 말이다.

우리 시어머님은 처녀 시절부터 줄곧 문학 소녀의 꿈을 간직하고 계시다. 그래서 틈틈이 써놓은 원고도 꽤 되며 60이 된 지금 나이에도 글에 대한 열정을 버리지 못하셔서 1996년에 방송통신대학 국문과에 당당히 입학을 하셨을 정도이시다. 처음에는 식구들 아무도 몰랐지만 문학에 대한 열정 하나만으로 그 나이에 대학을 가신 어머님께 뒤늦게나마 모두들 열렬한 박수를 보냈다.

그런데 이런 사연이 어떻게 알려졌는지 얼마 전 KBS TV에서 방영하는 〈감동! 깜짝쇼〉 프로그램에서 섭외가 와서 그야말로 내가 깜짝 놀랐다. 그것은 다름아닌 시어머님의 원고를 책으로 묶어드리자는, 그런 감동 깜짝쇼를 벌이자는 제의였기 때문이다. 기회만 닿으면 다른 곳에서 그런 제의를 해오기 전에 우리들 손으로 책을 만들어 드리고 싶었는데 거절할 이유가 어디 있겠는가.

나는 가족들과 함께 작전을 세웠다. 어머님에게는 〈연예가중계〉라는 프로그램에서 나를 인터뷰하러 오는데 아이들을 좀 봐줘야 한다고 거짓말을 해놓고 준영이, 진영이를 데리고 봉천동 어머님댁으로 갔다.

그리고 며느리에 대해 인터뷰를 한다며 제작진이 빈 카메라를 돌리고 부산을 떨면서 어머니를 붙잡고 있는 동안 우리는 그 안에 행동 개시를 했다. 거실에서 아버님이 망을 보시고 나와 리포터가 살금살금 건넌방으로 들어가 어머님이 써놓은 원고를 훔치는데 성공, 준영이가 그린 그림으로 표지를 만들고 인쇄소에 넘겨 마침내 한 권의 책으로 만들 수가 있었다.

다음은 그 책을 어떻게 전달할까 하는 것이 문제였다. 고민고민 끝에 한강 유람선을 타러 놀러나가자고 해서 그 안에서 마술을 보는 도중 내가 마술사로 분장해서 어머니에게 책을 드리는 깜짝쇼를 벌이기로 하였다.

그리고 그날 나는 내 남편 맹씨에게 가족 행사니 꼭 참석해 줄 것을 부탁했다. 당시 워낙 일이 바빠서 시간 내기가 어려운 처지지만 다행히 그날은 촬영이 일찍 끝날 것 같다며 남편은 저녁에 유람선 선착장으로 오기로 약속을 했다.

모처럼 사랑하는 큰아들도 오게 됐으니 어머님을 더 행복하게 해드리려고 나는 따로 꽃다발을 준비해 놓았다. 그리고 남편에게 전화를 했다.

"당신 이따가 유람선 안으로 들어올 때 자동차에 꽃다발 있으니까 갖고 와서 어머님 드리세요. 축하의 뜻으로요."

"쑥스럽게. 싫어, 꽃다발은 무슨……."

"아니, 어머님이 당신의 꽃다발을 받으면 정말 기뻐하실텐데. 무슨 소리예요?"

"그냥 당신이 드려."

"그럼 어머님 책 만든 것 축하해 주러 오면서 당신 빈손으로 올 거예요?"

쑥스럽다고 끝내 꽃을 안 들고 오겠다는 남편과 몇 번의 실랑이 끝에 겨우 꽃다발을 들고 오게 하였다.

드디어 그날 저녁! 아버님, 어머님, 시누이들과 함께 한강 유람선을 타고 뱃놀이를 가는 데 성공했다. 얼마 후 한창 마술쇼가 벌어졌고 어머님을 앞으로 유인, 마술사로 분장한 내가 꽃 속에서 튀어나와 어머님에게 책을 선물했다. 물론 어머님이 너무너무 놀라하시며 기뻐하신 것까지 그 계획은 완벽하게 성공했다. 그날 밤 우리 가족은 완전히 흥분의 도가니였고 아주 즐겁고 유쾌한 시간을 보냈으니까 말이다.

처녀 시절부터 간직했던 신춘문예의 꿈은 이루어지지 않았지만 어머님은 자신의 이름이 찍힌 책을 선물로 받게 됐고, 우리 식구들은 모두 모여 어머님을 축하하며 밤이 깊어가는 줄 몰랐다.

그런데 문제는 스튜디오에서 일어났다. 본 녹화에 들어가기 전 이상벽 씨와 작가들이 어머님에게 인사치례로 "아유, 그날 며느님에게 책 선물받고 너무 기쁘셨죠?" 하고 물었더니 우리 시어머님 왈, "며느리가 책 해준 것도 고맙긴 하지만 내가 그날 제일 기뻤던 건 아들에게 받은 꽃다발이라우." 하시는 것 아닌가.
세상에, 어머님은 그 꽃다발을 며느리가 준비했다는 사실을 아시기나 할까……

우리집 행복 5계명

꼬박꼬박 주말마다 성당엘 가는 건 아니지만 우리 집안은 하느님을 믿으며 살고 있는 가톨릭 집안이다. 원래 우리 엄마의 고향이 함경남도 덕원(德源)인데 외가댁은 천주교가 우리 나라에 들어오기 시작한 초창기부터 믿음이 강한 집안이었다고 한다.

6·25때 피난을 내려와 강원도에 정착, 얼마 전 돌아가신 외할아버지를 비롯해 외할머니는 돈독한 신앙 생활을 하셨는데 강원도에 예배를 볼 수 있는 웬만한 공소가 거의 외할아버지 손에 의해 이루어졌다고 해도 과언이 아닐 정도로 믿음이 독실하신 분들이었다.

아빠의 집안 또한 강원도에서 일찍부터 천주교를 믿었던 집안으로 외삼촌 중에는 수사가 되신 분들도 있다. 때문에 나는 어릴 때부터 성당에서 살다시피하면서 컸고, 그 시절 나와 정임이의 꿈은 당연히 수녀가 되는 것이었다.

결혼을 할 때도 가톨릭이 아니면 안 된다는 우리 집안의 원칙에 따라 내 남편 맹씨는 나와 교제를 시작하면서부터 교리 공부를 시작, 요셉이라는 세례명을 받고 혼배성사를 하고 나서 결혼식을 올릴 정도로 우리집은 하느님을 절대적으로 섬기는 집안이다.

그런 부모님의 영향으로 나는 어렸을 때부터 종교적인 계율을 지키는 것이 몸에 배기도 했거니와 성서에 나와 있는 십계명은 거의 지켜나갈려고 애를 쓰고 있다. 하지만 바쁘다는 핑계로 성당엘 잘 나가지 못하고 있어 안타깝다.

그 대신 우리는 성서가 아닌 우리집만의 5계명을 만들어 놓고 현실 속에서나마 그것을 지킬려고 노력하고 있다. 그리고 될 수 있으면 하루빨리 성당에 나가 신앙 생활에 충실하려고 애쓰고 있다.

성서에 부부간의 사랑이나 자기 가족에 대한 책임과 의무에 대해서 사랑하면서 살라는 말씀이 있다. 우리는 그것을 실천하기 위한 좀더 세부적인 계율을 만들었는데 그것이 바로 결혼을 하면서 만든 우리만의 5계명이다. 내용이 종교적인 것과는 거리가 있지만 그래도 믿음으로써 만든 우리집 5계명이다.

그 5계명 중 첫번째가 아이만큼은 남편과 내 손으로 기르자는 것이다.

요즘은 방송국에 나가는 시간에는 내 동생 정임이에게 아이들을 맡기지만 준영이가 어렸을 때만 해도 사람들은 내가 일하는 사람을 두지 않는 걸 의아하게 생각했다. 그럴 정도로 우리는 준영이를 한 번도 다른 사람에게 맡기지 않았다. 아니 맡기기 싫었다는 게 보다 더 정확한 표현일지도 모른다.

그 이유는 우선 남편과 내 손으로 아이를 기르자는 첫번째 계명을 실천하기 위해서였다. 그러나 남편과 둘이서 준영이를 키우는 일은 보통 일이 아니었다. 오죽하면 드라마 촬영을 하는데 온 식구가 같이 출동을 해야 할 정도였으니까 말이다.

그럼에도 남의 손에 우리 아이를 맡기는 일은 절대로 일어나지 않았고, 그런 면에선 남편의 도움이 무엇보다도 가장 컸다. 놀이방 '햇살나라'를 운영하면서까지 우리는 우리 손으로 준영이를 키우기 위해 무진 애를 썼다. 이 점에선 아마 앞으로도 다른 사람들에게 우리 아이를 맡기는 일은 절대 없을 것 같다.

두번째, 우리집 행복 5계명은 언제 어떤 일이고 우리 가족이 우선이 되어야 한다는 것이다.

이 두번째 계명은 일도 중요하지만 일보다는 가족간의 사랑을 주고받고 함께 있을 수 있는 시간을 최대한으로 만들자는 얘기이다. 남편도 일이 끝나면 되도록이면 일찍 집으로 들어와 아이들과 같이 시간을 보내려고 애쓰고 있고, 저녁마다 아이들 목욕만큼은 꼭 자기가 시키는 등 항상 가족을 우선적으로 배려한다.

나도 일을 하는 데 있어 아이들을 돌보지 못한다거나 아니면 식사를 챙겨줄 수 없을 정도로 그렇게 바쁘게는 일하지 않으려고 애쓰는 편이다. 그래서 각종 프로그램에서 섭외가 들어와도 가족들에게 지장을 주는 일이 발생한다면 고사하는 편이다. 지금 하고 있는 〈지금은 라디오 시대〉와 〈밤의 이야기쇼〉만으로도 사실 내 스케줄은 벅찬 편이다. 그런데 가족을 희생시켜 가면서까지 내 인기영달을 위해 무엇을 더 하고 싶지는 않다.

세번째, 우리집 행복 5계명은 여행을 자주 다니자이다. 물론 가족끼리 말이다.

결혼 초기에 적어도 일 년에 해외 여행은 두 번, 국내는 시간 나는 대로 자주 다니자고 약속을 했었다. 해외 여행은 아직 아이들이 어려서 잘 지키지 못하고 있지만 그래도 국내 여행만큼은 아무때나 보따리 싸들고 자주 떠나는 편이다.

올 초만 해도 속초로 느닷없이 떠났다가 그만 폭설이 내리는 바람에 미시령에서 오도가도 못하고 갇혀서 할 수 없이 생방송을 펑크내고 차 안에서 방송을 듣는 그런 에피소드가 있었다. 그렇게 우리는 계절이나 시간에 관계없이 훌쩍 짐을 챙겨서 자주 조선팔도로 떠나곤 한다.

특히 맛있는 것을 밝히는 식도락 여행을 주로 하는 우리 식구들이라 우리는 속초에 가면 속초 중앙시장에 있는 '감나무집'에서 감자 옹심이를 먹고, 제주도에 가면 생선구이를 특별히 잘하는 탑동에 있는 '유리네 식당'에 들러 생선구이는 물론 회까지 먹고('진미식당'은 특히 제대로 된 다근발이 회를 즐길 수 있다), 아무튼 조선팔도에 맛있는 집이 있으면 그곳을 목적지로 정해 떠나곤 한다.

나는 어린 시절 집 외에는 많은 곳을 다녀보지 못해서 결혼하면서 여행을 많이 다녔으면 하는 은근한 바람이 있었다. 다행히 남편도 선뜻 그 점에 동의를 해서 이 세번째 계명은 쉽게 이루어지고 있는 셈이다.

우리집 행복 5계명 중 네번째는 상대방에 대해 최선을 다하자이다.

좀 추상적이긴 하지만 항상 나보다는 남편을, 남편은 자신보다는 나를 먼저 배려해 주는 그런 예의를 갖추자는 뜻에서 비롯된 계명이다.

우리는 그래서 무슨 일이 있으면 항상 누구보다도 먼저 서로에게 의논을 한다. 어떤 때는 하루에 열두 번도 더 통화를 한다. 서로에게 무슨 일이 일어났는지, 일어나고 있는지를 확인하는 것이다. 때문에 우리 부부는 웬만해서는 곡해할 일을 만들지 않는다. 그 열두 번도 넘는 통화 속에 문제가 있으면 풀고 또 충분히 상의하기 때문이다. 혹 혼자 결정한 일이 있더라도 상대방에게 실례가 되지 않는지 물어보고 지장이 없는 범위, 또는 오해의 소지를 없애기 위해서라면 부부 사이에 하루 열두 번이 아니라 스무 번이라도 전화통을 붙잡고 씨름해도 괜찮을 듯싶다.

마지막 5계명 중 다섯번째는 아직까지는 지켜지고 있지만 앞으로는 누구도 장담할 수 없는 그런 부분이기도 하다. 바로 영원히 사랑하는 마음을 변치 말자는 것이다. 물론 지금은 이 약속대로 우리는 정말 서로를 사랑하고 아끼면서 살고 있다.

얼마 전 나는 생일 때 남편으로부터 너무나 큰 꽃다발과 사랑의 카드를 선물로 받았다. 진주 목걸이까지 덤으로 받았으니 나로서는 최상의 선물을 받은 셈이다.

그날 나는 완전히 흥분의 도가니였고 선물로 받은 진주 목걸이를 서슴없이 목에 턱 걸치고 방송국으로 향했다. 그날따라 방송국에 가려고 이미 입은 옷과 진주 목걸이는 전혀 어울리지 않았는데도 방송 도중 나는 내내 행복한 웃음을 실실 흘렸을 정도였다.

　나도 아직까지는 연애할 때처럼 그런 마음이고 남편도 나와 똑같은 마음이라고 한다. 하지만 그 속에 안 들어가봤으니 알 수는 없는 노릇이다. 어쨌든 난 지금 행복하다.

맹씨! 우린 천생연분인가봐

'사랑을 담아서'.
떠날 때 읽어보라고 전하는 편지이지만, 받은 즉시로 펼쳐 읽고 있을 줄도 모르겠습니다.
만날 땐 언제나 설레임이 가득, 행복과 평화로움이 항상 같이 했습니다.
고마워요, 새삼스럽지만. 항상 고맙고 감사하는 마음 뒤에 아주 진한 행복이 찾아오리라는 거, 난 언제나 믿으며 살아요.
항상 짜여져 있는 생활 속에 언제나 어린애로만 여기시는 부모님, 그 안에 오빠(?)를 알게 된 건 내겐 큰 기쁨이고 행복이라고 하지 않을 수 없어요. 갑자기 내가 너무 성숙해져 버린 것 같아 약간은 억울함도 있긴 하지만요.
내가 가장 사랑하는 남자, 내게 가장 소중한 사람!

바로 오빠라는 거 알고 있죠?

산 사이
작은 들과 작은 강과 마을이
겨울 달빛 속에 그만그만하게 가만히 있는 곳
사람들이 그렇게 거기 오래오래
논과 밭과 함께 가난하게 삽니다.
겨울 논길을 지나며
맑은 피로 가만히 숨 멈추고 얼어 있는
시린 보리잎에 얼굴을 대보면
따뜻한 피만이 얼 수 있고
따뜻한 가슴만이 진정 녹을 수 있음을
이 겨울에 믿습니다.
달빛 산빛을 머금으며
서리낀 풀잎들을 스치며 강물에 이르면
잔물결 그대로 반짝이며 가만가만 어는
살땅김의 잔잔한 끌림과 이 아픔.
땅을 향한 겨울 풀들의 몸 다 뉘인 이 그리움
당신,
아 맑은 피로 어는 겨울 달빛 속의 물풀, 그 풀빛 같은 당신.
당신을 사랑합니다.   〈김용택님 시 〈섬진강 15, 사랑의 편지〉 중에서〉

내가 많이 좋아하는 시예요.
잘 갔다 와요. 내 생각 많이 해야 되요.

맹씨! 우린 천생연분인가봐

몸 조심히. – 당신을 세상에서 제일루 사랑하는 팥쥐(?)가

연애하던 시절, 출장을 떠나는 남편 맹씨에게 잠시나마 떨어져 있게 된 아쉬움을 전하기 위해 쓴 편지다. 그때는 하루에 열두 번씩 만나도 돌아서면 금방 다시 보고 싶고 애틋한 그리움에 젖곤 했던 시절이라 출장 때문에 한 이틀이라도 떨어져 있을라치면 벌써 떠나는 그 순간부터 언제 이 긴 이틀이 지나가나 하면서 시계만 쳐다보고 지낼 정도였으니까 말이다.

그런 마음은 사실 지금도 변함이 없다. 나는 남편이 출근했다가 저녁에 돌아올 시간이 되면 아직도 가슴 설레이며 그이의 귀가를 기다리는, 연애 시절의 그 감정을 그대로 간직하고 있는 아내이기 때문이다.

이 이야기를 읽으면서 '아니 혹시 최유라가 너무 부풀리는 거 아냐?'라고 생각하실 분들도 있겠지만 정말이다. 남편은 내게는 첫사랑이기도 하지만 결혼하고 살면서도 이상하게 사랑하는 감정만큼은 변화가 없이 연애 시절 그대로 유지되고 있다.

보통 다른 부부들에게는 권태기라는 게 찾아온다는데 아직 우리 부부에게는 그런 일이 없고 내 생각에는 앞으로도 영원히 그런 일은 일어나지 않을 것 같다(내가 너무 과신하고 있나, 후후후).

나는 남편에게만 제일 예쁘게 보이는 아내이고 싶다. 그래서 외출할 때 가장 이쁜 옷도 다른 사람의 시선을 위해서 입는 게 아니라 남편에게 보이기 위해서 입으며 음식 한 가지를 담을 때도 예쁜 그릇에 담아주고 싶어 안달을 피우는, 나는 그런 아내

이고 싶다.

이러한 마음은 내 쪽에서만 있는 게 아니고 가끔 얘기하다 보면 남편도 나와 같은 감정을 아직 가지고 있음을 확인할 수 있다. 우리는 감정상으로만 이렇게 잘 통하는 부부가 아니다. 생활 속에서도 손발이 척척 들어맞는 부부다.

내가 부엌에서 밥을 하고 있으면 아이를 돌봐주고, 그이가 아이 목욕을 시키면 타올로 물기를 닦아주는 건 나다. 이렇듯 생활 속에서도 우리는 호흡이 척척 들어맞는 환상의 복식조다.

결혼 초기에 약간의 다툼이 있었지만 우리는 '행복 5계명'을 세워놓고 그것을 실천해 가며 살아가는, 가치관도 거의 일치하는 행운의 부부이다. 게다가 너무 예쁜 준영이, 진영이가 우리들 사랑의 결실로 태어나 무럭무럭 잘 자라주고 있다.

두 아이의 엄마가 된 지금도 남편만 생각하면 가슴이 콩닥콩닥 뛰는 수줍은 처녀의 마음으로, 연애하던 시절 가슴을 설레이며 편지를 쓰던 그 시절의 마음으로 영원히 남편을 사랑하며 살고 싶다.

지금처럼. 여보! 당신도 그렇죠?

여보! 맹씨! 우리는 아무래도 천생연분인가봐.

> 둘

지금은 라디오 시대,
아니 최유라 시대

수 탉

 영화 〈수탉〉!
내가 왜 그 영화를 했던고! 살면서 두고두고 후회하는 일이 있다면 바로 내가 영화 〈수탉〉에 출연했던 일이다.
물론 이렇게 얘기하면 "아니 최유라 쟤 어떻게 된 거 아냐, 지가 오늘날 〈지금은 라디오 시대〉를 하고 있는 게 다 〈수탉〉 때문인지도 모르고 쯧쯧." 하실 분도 많을 것이다.
내가 그것을 몰라서 하는 소리가 아니다. 영화 〈수탉〉 때문에 하마터면 남편과의 결혼이 깨질 뻔한 것은 물론 살면서도 아주 가끔씩 나를 괴롭히는 요소로 작용하기 때문이다.
영화배우가 되겠다는 생각은 단 한 번도, 꿈 속에서도 해본 적이 없던 내가 어느 날 느닷없이 영화배우가 된 것은 순전히 대학 은사이신 유현목 감독님에 의해서였다.
 영화진흥공사 시나리오 공모 당선작인 〈수탉〉의 여주인공을 찾느라 학교로 온 신승수 감독님에게 이상하게 연기와는 아무 관련도 없이 오로지 연극 연출 공부에만 몰두하고 있던 나를 추천하셨고, 안 하겠다고 안 하겠다고 발뺌을 하는 나에게 거의 반 협박(?)조로 영화에 출연하게 만드신 분이 바로 유현목 감독님이시기 때문이다.
 내가 대학에서 전공한 것은 연극 연출이었다.
 고등학교 때의 꿈은 신문방송학과에 가서 기자가 되겠다는 거였는데 안타깝게도 신문방송학과에 떨어지는 비운을 맛봐야만 했다. 중·고등학교 때 학급에서 늘 상위권을 유지하고 단 한 번도 1등을 놓쳐본 적이 없던 내가 그야말로 대학 시험에서 낙방을 한다는 것은 상상도 못한 일이었다. 나뿐 아니고 우리 엄마까지 말이다.
 딸만 둘인데다 특히 장녀인 나에게 거는 엄마의 기대와 정성은 정말 대단했다. 우리 엄마 사전에 2등이란 있을 수 없는 일이었다. 오로지 1등이어야만 했다. 어쩌다 내가 2등을 했다거나 예상 밖으로 낮은 점수를 받아오면 내 얼굴을 쳐다보지도 않았을 정도였던 엄마인데 세상에, 그런 딸이 대학에 떨어지다니 엄마로서도 도저히 받아들이기 힘든 현실이었던 것이다.
 얼마나 창피했던지 혹 아는 얼굴이라도 만날까봐 재수생 학원인 용산에 있는 양지학원을 다닐 때도 모녀 공동으로 수송 작전을 감행, 그 먼 수원에서 엄마가 아침 저녁 차로 나를 데려다 주고 나는 살짝 내려서 들어가 공부만 하고 누가 볼쎄라 엄마가 데리러 오면 또 그 차에 얼른 올라타 집으로 오곤 했을 정도였다.

재수를 하면서 신문방송학과에 대한 꿈은 이상하게 사그라들었다. 왜 그랬는지는 모르지만 연극영화과를 가고 싶다는 생각을 문득 하게 됐다.

하지만 연극영화과를 가려면 실기 시험을 봐야 하는데 그러자니 가진 재주라곤 아무것도 없는 최유라는 어떻게 해야 하나? 에라 모르겠다, 최선을 다하면 되겠지, 하는 생각으로 내가 뚫고 들어갈 만한 자리가 없나 알아보던 중 실기와는 관계없고 공부만 하면 될 것 같은 연출 이론이 눈에 띄었다. 물론 달달달 외면서 그 책을 독파했음은 두말 할 필요가 없다.

드디어 실기 시험날! 교수님들 앞에 선 나는 당당한 목소리로 이렇게 말했다.

"선생님! 만일 저에게 연기를 해보라고 하면 저는 할 줄 아는 게 아무것도 없습니다. 하지만 저는 연극 연출 공부를 하고자 연극영화과를 선택했습니다. 실기는 못하겠지만 지금부터 연극 연출 이론에 관한 것이라면 무엇이든지 물어봐 주십시오. 거기에 대해서는 자신있게 답할 수 있습니다."

나중에 들리는 얘기로는 동국대학교 연극영화과 시험에서 유일하게 실기를 보지 않고 들어간 사람이 나라고 한다.

아무튼 이렇게 연극영화과에 합격한 나는 졸업할 때까지 4년 동안 오로지 소극장 안에서 시간을 보냈다. 연극 연출에 필요한 무대 세트, 조명까지도 상세히 공부해 가면서 말이다. 과의 남학생들과 함께 연극 연습은 물론 포스터가 나오면 남들 눈에 띄지 않는 시간에 풀팅을 하기 위해서 새벽까지 함께 풀팅을 하러 다니는 등 오로지 연극 연출에만 미쳐 있던 4년이었다.
그런 나를 영화에 출연하라니 뭔가 착각이 있어도 한참 잘못된 게 틀림없다고 생각했다.
"교수님! 저는 연극 연출이 전공인데요."
"아니, 그럼 너는 생전 영화는 안할꺼?"
"영화배우는 생각도 못 해본 일이라서."
"네가 영화에 출연해서 좋은 배우가 된다는 건 학교의 명예가 달린 일이야."
"그럼 공부는 어떡하죠?"
"아이고 걱정 마라. 영화에만 출연한다면 내가 A학점 줄테니까."
"알겠습니다. 부모님하고 상의해 보겠습니다."
"너, 무조건 영화 해야 한다."
다시 한 번 다짐을 받아내는 교수님의 말을 뒤로 하고 나오면서도 나는 내가 영화배우가 된다는 건 절대 있을 수 없는 일이라고 생각했다.
집에 돌아와 엄마, 아빠에게 이야기를 꺼내자마자 반대는 당연지사였다. 그러나 부모님이 허락하지 않는다는 얘기에도 불구하고 유현목 교수님과 신승수 감독님은 끝까지 포기하지 않으시고 자꾸 나에게 다시 생각해 보라고 하시는 것이었다.
그때 아빠의 결정이 없었다면 물론 나는 영화 〈수탉〉을 할 수 없었을 것이다. 한참 하네, 안 하네로 티격태격하고 있던 엄마와 나에게 아빠가 결정적으로 중대한 발언을 하셨던 것이다.

모든 일에는 왜? 라는 이유가 있어야 하는데 된다는 것에도 그게 왜 되는 건지 이유가 있어야 되듯이 영화 출연을 해서는 안 된다는 데에도 왜 안 되는지 분명한 이유가 있어야 된다는 것이었다.

그러더니 신승수라는 감독에 대해서 정확히 알아야 한다며 비디오 가게에 가서 신승수 감독이 그간 연출한 영화란 영화는 몽땅 빌려와서 밤새도록 틀어놓고 연구를 하시는 것이 아닌가.

다음 날 아침! 나와 엄마를 부른 아빠는 진지하고도 분명한 목소리로 말씀하셨다.

"내가 그 감독의 영화를 자세히 본 결과 유라 네가 출연해도 괜찮을 것 같다는 결론을 내렸다. 아빠가 걱정했던 건 그 감독이 과연 사랑이나 성을 어떻게 표현하고 있는가였는데 〈달빛 사냥꾼〉을 보니까 믿을 만한 것 같다."

안성기 선배와 이보희 선배가 주연한 영화 〈달빛 사냥꾼〉을 보시고 신승수 감독의 연출관에 믿음이 간다며 나에게 영화 출연을 허락하신 거였다.

오목조목 따져보고 결정을 내린 아빠에게 달리 대항할 힘이 없어진 엄마와 나는 할 수 없이 영화에 출연하기로 결정을 했고 영화 〈수탉〉은 곧바로 촬영에 들어갔다. 오랜 줄다리기 끝에 완성된 영화 〈수탉〉에서 내가 연기를 잘했는지 어땠는지는 기억에 없다. 다만 최선은 다했다고 생각된다.

그래서였는지는 몰라도 아무튼 〈수탉〉은 그 해 나에게 '대종상 여자 신인상'이란 상상도 못할 커다란 상을 선물로 안겨줬다.

방송과의 첫인연

"거기 최유라 씨 댁 맞습니까?"
"네, 그런데요. 누구세요?"
"아, 나 MBC〈여러분의 토요일〉이란 프로그램을 맡고 있는 신언훈이란 PD인데 최유라 씨가 오늘 나 좀 도와줘야겠습니다."
"무슨……?"
"솔직히 말하면, 오늘 아침 생방송이 펑크가 나게 생겼는데 최유라 씨가 와서 땜방 좀 해줘야겠소."
"어머? 제가 뭘 어떻게 해야 되는데요?"
"우리 프로그램에 영화를 소개하는 코너가 있는데 와서 영화에 대한 소개를 하면 됩니다. 최유라 씨도 영화를 해봤으니까 할 수 있을 거요."

"제가 영화에 대해서 뭐 아는 게 있어야죠?"

"걱정 말고 빨리 와요. 새로 나온 영화 소개하는 거니까 힘들 것 없어요. 그나저나 10시 생방인데 9시까지 올 수 있겠소?"

거실의 시계를 쳐다보니 8시!

수원에서 그냥 달려만 가도 여의도에 있는 MBC에 9시까지 도착할 수 있을런지도 의문인데다, 잠자다 갑자기 받은 전화라 그때까지 세수도 안 한 나보고 TV에 출연하라는 것은 황당한 일이었다. 더더욱 영화라곤 이제 막 촬영을 끝낸 〈수탉〉이 이력의 전부인 나에게 영화 소개를 하라니. 그러나 내가 이러쿵 저러쿵 하소연을 하기도 전에 얼마나 급한지 PD는 그 말만 다다 하고는 전화를 탁 끊어버렸다.

나는 할 수 없이 쏜살같이 세면대로 들어가 세수를 하면서 엄마에게 갑자기 TV에 출연하게 됐는데 시간이 없어서 차 안에서 화장을 해야 한다, 그러니 빨리 삼촌을 불러달라고 했다.

시속 150Km로 삼촌이 고속도로를 달리는 동안 나는 차 안에서 화장을 하면서 '과연 내가 잘해낼 수 있을까.' 하는 생각으로 내내 불안하였다.

다행히 9시 전에 MBC에 도착할 수 있었다.

그런데 전화를 걸어왔던 신언훈 PD를 만날 틈도 없이 작가라는 언니가 나를 보자마자 테이프를 봐야한다면서 나를 끌고 편집실로 가는 것이 아닌가. 그날 개봉되는 영화가 3개 정도 되는 것 같았다.

작가 언니는 내가 혹 실수할까봐 그러는지 이 부분은 이렇게 읽어라, 저 부분은 이런 식으로 소개를 하라, 고 하면서 거듭 주의를 주었다.

　스튜디오에서 차례를 기다리는 동안 나는 오히려 편안한데 작가 언니는 안절부절못하는 거였다. 아마 내가 방송을 처음 하는 거라고 하니까 과연 잘해낼 수 있을지 온통 걱정이 되는 모양이었다.

　다행히 별탈없이 내 코너를 끝내고 나오니까 '잘했다'고 칭찬하는 소리와 함께 그제서야 그 작가 언니가 불안해 하던 이유와 느닷없이 오늘 내가 갑자기 출연하게 된 이유에 대해서 자세한 설명을 들을 수 있었다.

　원래 이 영화 코너는 어느 선배가 진행하던 건데 연락도 없이 갑자기 그 선배가 펑크를 냈다는 거다. 이제나저제나 연락올 때를 기다리다가 생방송 2시간 전에 할 수 없이 포기를 하고 신승수 감독에게 전화를 걸어 대타를 할 만한 영화배우를 소개받았고, 그렇게 해서 내가 MBC 화면에 출연하게 된 거였다.

　하지만 나에 대해서 전혀 알 길이 없던 PD와 작가 언니는 방송이 끝나기 전까지 내가 무슨 날라리 배우가 아닌가 해서 잔뜩 긴장하고 있었다나 어쨌다나. 아무튼 인정을 받았는지 나는 그 날 방송 이후로 그 코너를 진행하게 되었고, 그렇게 해서 〈여러분의 토요일〉이 방송과 인연을 맺은 첫 프로그램이 되었다.

뽀뽀뽀

'점 하나 때문에'…….
무슨 소린지 의아하게 생각하실 분도 있겠지만 내가 MBC의 간판 유아프로인 〈뽀뽀뽀〉의 6대 뽀미 언니가 된 데는 '점' 하나에 얽힌 재미있는 사연이 있다.

왕영은 선배를 비롯해 길은정 언니, 김은주 아나운서 등등 많은 선배들이 진행했던 〈뽀뽀뽀〉 프로그램을 방송에 데뷔한지 얼마 되지도 않은 풋내기 신인이었던 내가 맡게 된 것은 앞서 출연했던 〈여러분의 토요일〉 코너 덕분이었다.

그 코너를 하면서 나는 그 코너를 담당하고 있던 오광민 작가 언니와 친하게 지내면서 나에 관한 이런저런 이야기를 주고받게 되었다.

광민이 언니는 교양 프로그램을 하느라 TV 제작국과는 인연이 없었지만 한 방송국 내에서 안면을 트고 친하게 지내던 임화민 PD가 TV 제작국 3부에 있었던 모양인데, 어느 날 그 PD가 〈파란마음 하얀마음〉이란 프로로 입봉(처녀 연출)하면서 자기 프로에 MC를 추천해 달라고 언니에게 부탁을 했다는 것이다.

문득 언니는 어린이 프로의 적임자로 나를 떠올렸고 나에게 해볼 의향이 있냐고 물어본 뒤 전격적으로 나를 추천, 마침내 임화민 PD를 만나게 되었다.

그런데 노래는 좀 할 줄 아느냐, 방송 경력은 얼마나 되느냐, 등등 몇 가지를 물어보고 가더니 그 후로 전혀 가타부타 연락이 없길래 나는 안된 것으로 생각하고 그 일을 까맣게 잊어버린 채 학교와 방송국을 오가며 당시 맡은 프로그램에 충실하고 있었다.

그 후, 한 6개월쯤 지났을까.

그 PD가 너무나 미안해 하면서 나를 다시 만나자고 전화를 해왔다. 〈뽀뽀뽀〉 프로의 MC로 결정났으니 와서 국장님과 담당 PD(당시 그분은 다른 프로를 진행하고 있었다)인 고연도 PD를 만나 인사를 하라는 것이 아닌가. 아니 풋내기 신인이라 〈파란마음 하얀마음〉 MC도 미끄러진 걸로 알고 있었는데 느닷없이 그보다 더 큰 프로인 〈뽀뽀뽀〉의 뽀미 언니라니, 도대체 무슨 일인가 싶고 놀리는 것이 아닌가 해서 연신 고개를 갸웃하며 방송국으로 향했다.

임화민 PD가 "이 친구가 최유랍니다." 하고 국장님에게 인사를 시키자 국장님이 느닷없이 "네가 최유라야? 난 또 최유린 줄 알고. 그놈의 점 하나 때문에." 하시는 것이 아닌가.

무슨 소린가 했더니 신인인 최유라를 들어본 적이 없는 국장님이 최유라를 〈파란마음 하얀마음〉 MC로 쓰겠다고 하자 최유리로 잘못 알아들으시고 펄펄 뛰셨다고 한다.

당시 아역배우로 유명했던 최유리가 무슨 유학 주선 학원을 하면서 사기 사건에 연루되어 소문이 자자했을 때니 국장님은 최유라를 당연히 최유리로 생각하셨고, 사회적으로 물의를 빚고 있는 연기자를 어린이 프로의 MC로 쓴다는 건 상상도 못할 일인지라 '최유'까지만 듣고 최유라를 최유리로 단정해 버렸던 것이다.

세월이 약이라던가.

시간이 흐르면서 차츰 최유라가 최유리와는 다른 인물이라는 게 알려졌고 다행히 나는 〈뽀뽀뽀〉 MC가 될 수 있었다.

나중에 나를 소개시켜 줬던 광민이 언니에게 들자니 언니도 사실 나에게 MC 얘기를 꺼내놓고 왜 안 됐는지에 대해서 얘기를 해줄 수도, 물어볼 수도 없어 고민을 했었다고 한다.

분명 MC를 추천해 달라고 해놓고선 가타부타 이야기를 하지 않는 PD에게 그 이유를 물어봤는데 차마 그 얘기를 사실대로 전할 수가 없었다나.

"쉿! 오광민 씨. 최유라 씨를 방송에서 쓰지 못할 무슨 비하인드 스토리가 있는 것 같아요."

"아니 걔는 이제 막 방송에 데뷔한 애고 아직까지 학생인데 무슨 비하인드 스토리가 있을 게 있나요?"

"모르는 일이지요. 연예인들은 믿을 게 못된다니까요."

"글쎄, 내가 보기엔 그렇지 않은 것 같던데······."

"아무튼 최유라 씨한테는 절대 이런 얘기 하지 마세요."

"……?"

의아하게 생각하면서도 광민이 언니는 정말로 내가 모르는 뭐가 있나? 하면서 할 수 없이 6개월 동안 입을 다물고 있을 수밖에 없었다고 한다.

세상에, 그 점 하나 때문에 내가 뽀미 언니로 데뷔하는 일은 6개월이나 늦어질 수밖에 없었다.

깊은 밤 짧은 얘기

라디오와의 인연은 그 점 하나 때문에 내가 뽀미 언니가 되는 게 늦어진 6개월 사이에 이루어진 일이다.

AM 라디오 심야 프로그램인 〈깊은 밤 짧은 얘기〉는 밤 12시부터 새벽 1시까지 방송하는 청소년 대상의 재미있는 프로그램이다. 당시 인기가 치솟던 개그맨 정재환 오빠와 함께 진행을 했는데 그 프로그램의 MC가 된 계기 또한 재미나다.

이문세의 〈별이 빛나는 밤에〉 2부에 화제의 스타들을 불러 궁금증을 묻고 노래를 듣고 하는 코너가 있는데, 거기에 출연을 한 적이 있었다. 그런데 의외로 당차고 똑똑하게 의사 표현을 한다며 당시 별밤 프로듀서인 김용관 PD가 라디오 방송을 한 번 해보라고 권유를 해오는 것이었다.

그런데 놀랍게도 다음날 이학규 PD라는 분으로부터 연락이

왔다. 그리고 곧이어 라디오국으로부터 정식으로 DJ 제의가 들어왔고 오디션을 거친 후 마침내 DJ의 길을 걷게 된 것이었다. 라디오 방송과의 인연은 그것이 첫 출발점이었다.

밤 12시에서 1시!

이렇다 하게 중·고등학교 학창 시절의 추억이 없었던 나는 사춘기도 한참 지난 스물넷의 대학 4학년 때부터 준영이를 낳기 전까지 그 프로그램을 통해서 새로운 사춘기를 보내게 되었다.

정재환 오빠야 워낙 인기인이라 많은 프로그램에 출연해서 그럴 여가가 없었지만, 나는 저녁이면 엽서를 한아름씩 들고 와선 읽어보고 그중 재미있는 사연을 골라 방송에 소개하는 일이 즐거웠다.

다양한 고민에 빠진 그들의 생각을 읽는 것은 특별한 경험이었다. 그때 그 재미있는 사연들 속에 나는 정말 푹 빠져 있었는데 지금도 그때의 엽서들을 아직 간직하고 있을 정도이다.

게다가 그 당시 나는 남편 맹씨와 연애에 푹 빠져 있던 터라 감정상으론 사춘기 청소년들과 다를 바가 없는 예민한 시기여서 더더욱 즐거운 마음으로 그 프로그램을 진행할 수가 있었다.

내가 좋아하는 음악을 고를 수 있는 행운도 있었는데 사랑을 하면 유행가 가사가 제일 먼저 가슴에 와 닿는다고, 내게 그 음악들은 또 얼마나 감미로웠으랴. 누구는 일부러라도 심야 라디오 프로그램에 빠져 있기도 하는데 일 덕분에 그런 행운까지 누리고 있었으니 그때의 행복감은 더 이상 말해서 무엇하랴.

엽서는 물론이요, 음악도 실컷 듣고 정재환 오빠와 재미있는 콩트식의 오프닝과 클로징을 익히면서 청취자(거의가 청소년임)

들과 킥킥거리고 웃으며 나는 그렇게 행복한 시간을 보냈다.

아무튼 내 웃음소리는 그때나 지금이나 크긴 큰 모양이다. 〈지금은 라디오 시대〉청취자들은 내 웃음소리가 듣기 좋고 재미있다고 더 웃으라고 격려해 주시지만 〈깊은 밤 짧은 얘기〉를 진행할 때는 한밤중에 그것도 심야에 웬 MC가 그렇게 시끄럽게 웃느냐고 그만 좀 웃으라며 구박받기 일쑤였다.

그래서 그때는 작게 웃는 법을 연습했을 정도였다.

〈깊은 밤 짧은 얘기〉는 그 후 2시간으로 늘어나기까지 하면서 오랫동안 청취자들에게 사랑을 받았던 프로그램이다.

나는 이 프로그램을 진행하면서 천생연분 맹씨와 결혼했고 한 아이의 엄마도 됐다. 내 중요한 개인사와 함께 진행된 잊지 못할 프로그램인 것이다. 하지만 준영이를 낳은 후 아이에게 시간을 뺏기는 바람에 아쉽게도 그만둘 수밖에 없었다.

100분쇼

 준영이를 낳은 지 6개월 뒤.
라디오도 그만두고 오로지 육아에만 전념하고 있는데 이우용 PD라면서 라디오국에서 전화가 왔다. 노사연·주병진의 〈100분쇼〉가 지금은 김승현·노사연이 진행하고 있는데 이번 개편에 최유라 씨가 새로 맡아보는 게 어떠냐는 것이었다.

개그맨 서세원 씨와 파트너가 돼서 함께 진행하게 될텐데 할 수 있겠느냐고, 꼭 맡아줬으면 좋겠다는 거였다. 솔직히 말해 꽤 기분좋고 흥분되는 제안이었다. 의욕도 일었다.

하지만 한편으론 내 말발이 과연 서세원 오빠를 따라갈 수 있을지 은근히 걱정이 되기도 했다. 서세원 오빠 하면 개그맨 중에서도 특히 언변이 좋기로 이름난 사람 아닌가.

어쨌든 서세원 오빠와 그 프로그램을 진행하면서 나는 오빠에게 참 많은 것을 배웠다. 같은 상황에서도 나도 모르게 재미있는 얘기를 할 수 있게 만들어 주는 것이 바로 파트너의 힘이라는 걸 절실히 깨달았으니까 말이다.

그리고 같은 얘기를 하는데도 다른 사람이 만일 그런 얘기를 하면 이상하게 들릴 수도 있는데 서세원 오빠가 하면 참 다른 뉘앙스로 받아들여졌다. 그게 바로 사람이 만드는 것, 그래서 라디오 프로그램에 DJ가 중요하다는 걸 새삼 깨닫게 되었다.

내가 〈지금은 라디오 시대〉를 재미있게 진행한다는 얘기를 듣는 것도 사실은 서세원 오빠와 호흡을 맞추며 상당 기간 순발력을 쌓은 훈련 덕분이 아닌가 싶다. 그래서 세원이 오빠와는 식구들끼리도 참 친하게 지냈다. 우리집에 와서 차돌백이에 밥을 맛있게 먹고 가기도 하고 남편 맹씨와도 술을 자주 마시며 어울렸던 참으로 좋은 파트너였다고 생각한다.

오빠가 KBS로 자리를 옮기기 위해 〈100분쇼〉를 그만둔다고 했을 때 얼마나 아쉽고 서운했는지 모른다.

얼마 전 오빠가 진행하는 〈서세원의 화요 스페셜〉에 출연했을 때, 오빠가 옛날 내 파트너라고 나를 소개하자마자 나는 오빠가 나를 버리고 갈 때 '어디 얼마나 잘먹고 잘사나 보자' 하며 칼을 갈았다는 얘기를 해서 서로 한바탕 웃음을 터뜨렸다.

아무튼 오빠는 요즘도 KBS 라디오에서 '오늘은 왠지', '꿀물' 아저씨로 통하면서 끊임없이 청취자를 웃기는 최고의 DJ로 인기를 누리고 있다.

그런데, 그렇게 치면 우리가 혹 라이벌이 되는 거 아닌가벼?

지금은 라디오 시대, 아니 최유라 시대

엄마사랑 아가사랑

1995년, 케이블 TV가 생기면서 나는 여성 전문 채널인 동아 TV에서 신설한 육아 프로 〈엄마사랑 아가사랑〉의 MC를 맡게 되었다.

텔레비전 MC는 〈뽀뽀뽀〉 이후 너무 오랜만이라 약간 낯설다는 느낌이 들었지만 다른 것보다 육아 프로라는 것이 나로 하여금 자신감 있게 그 프로를 선택할 수 있게 했다. 무엇보다 육아라면 방송 생활을 하면서도 아이들을 남의 손에 맡기지 않고 내 스스로 기르며 경험한 것들이 많으니까 진짜로 육아 정보를 알고 싶어하는 엄마들에게 어떤 내용이 필요하며 또 그것을 어떻게 하면 효과적으로 전달해 줄지 자신이 있었으니까 말이다.

진영이가 태어나고 나서 한 달도 채 안돼 이 프로그램을 시작해서 거의 2년간을 진행했으니까 특히 진영이는 이 프로와 함께 육아를 끝낸 셈이다.

원래 육아라는 의미가 임신부터 시작해서 생후 2년까지를 얘기한다고 하니 진영이는 그야말로 내 육아 프로그램과 함께 유아기를 보낸 셈이다. 〈엄마사랑 아가사랑〉은 이를테면 이론과 실습을 겸해서 프로가 진행되었던 만큼 정말로 엄마들에게 살아있는 정보를 전할 수 있었던 그런 프로그램이었다.

나도 이 프로그램을 통해 도움받았던 것이 너무 많다. 아기들은 한두 돌이 되기까지 지혜열이라고 해서 느닷없이 열이 오를 때도 있고 낮에는 멀쩡하다가도 밤에 갑자기 말할 수 없는 고열에 시달리기도 한다.

프로그램을 하면서 우리 프로그램에 연사로 나오시던 강남 성모병원의 김영훈 선생님을 알게 된 것은 정말 다행이다. 선생님은 거의 우리 아이들 주치의가 돼주셨고 간간이 이상한 증세가 보일 때마다 전화를 거는 내게 도움을 많이 주셨으며 지금도 상담을 많이 해주신다.

녹화 전날, 갑자기 진영이가 한밤중에 열이 펄펄 끓고 해서 밤새 잠 한숨 못 자고 김영훈 선생님께 전화드리면 아침 일찍 병원에 나오셔서 우리 아이를 봐주시고 내가 녹화 시간에 늦지 않게 배려를 해주시는 등 너무나 내 편의를 많이 봐주셨다.

얼마 전에 미국에 갔을 때도 진영이가 아파서 너무너무 고생을 했는데 그때도 일일이 전화로 상태를 체크해 주시고 응급조치에 대한 상담을 해주셔서 정말 큰 도움을 받았다.

그뿐이랴. 삼성 제일병원의 산부인과 김문영 선생님에게도 산후 조리라든가 주부로서의 건강 관리를 이 프로그램의 인연

지금은 라디오 시대, 아니 최유라 시대

으로 해서 나는 선생님께 맡기고 있다.

아이들 건강, 교육이나 먹거리 등에 관해서 나는 거의 모든 정보를 이 프로그램을 통해서 얻을 수 있었다.

내 육아 방식과 비교해 보기도 하고 좋으면 그것을 따라 한, 한마디로 배우면서 알려주면서 그렇게 알찬 시간을 보낼 수 있었던 시간이었다.

아이들 감기를 한약으로 치료할 수 있다는 방법도 〈엄마사랑 아가사랑〉에서 배운 것이다. 미세한 감기 증세는 한약으로 치료하면 훨씬 빨리 효과를 볼 수 있다고 한다. 그래서 한방 대학 병원에도 '한방 소아과'가 있단다.

나는 프로그램을 통해 그 사실을 안 후부터 웬만한 감기는 주로 한의원을 이용했는데 그 중에서도 결정적으로 덕을 본 사건이 하나 있었다.

아이들 중에 유난히 밥을 안 먹는 아이들이 있어서 고민하는 엄마들이 많은데, 우리 준영이는 밥을 안 먹는 건 아닌데 이상하게 영 살이 안 찌고 뭔지 모르게 애가 힘이 없어 보였다. 그래서 감기약을 지으러 갔다가 그 이야기를 했더니 준영이 맥을 짚어보더니 체기가 있는데 그게 완전히 내려가질 않아서 아이가 밥맛도 없고 또 먹어도 영양소가 골고루 흡수가 안 되기 때문에 영 기력이 없다고 하는 것이었다.

그래서 감기약도 짓고 체기를 해소해 주는 약도 함께 지어 갖고 와서 먹였더니 세상에, 그 후론 밥 한 그릇은 뚝딱이었다. 당연히 양쪽 볼에는 살도 통통히 붙고 게다가 감기까지 잘 안 걸리니 엄마들 중에서 자기 아이가 유난히 밥도 잘 안 먹고 감기도 잘 걸리고 그러면 그냥 영양제만 먹이지 말고 나처럼 한방 소아과를 통해 원인 치료를 해보는 것이 어떨까 싶다.

　아이를 키우면서 내가 이런 프로를 맡았던 것은 어찌 보면 참 행운이었던 것 같다. 이렇게 요모조모로 덕을 단단히 봤으니까 말이다.

TV 가요교실

 케이블 TV에서 〈엄마사랑 아가사랑〉을 진행했지만 공중파에는 좀처럼 얼굴을 내밀지 않다가 1996년도에 〈TV 가요교실〉을 오랜만에 진행하게 되자 〈지금은 라디오 시대〉 팬들로부터 빗발치듯 전화가 쏟아졌다.

가요교실의 최유라가 그 최유라가 맞느냐? 친구하고 점심 내기를 했는데, 그 최유라가 이 최유라 맞죠? 하면서 하루에도 정말 이런 전화가 수십 통이나 걸려와 나를 웃게 만들었다. 농담인지는 몰라도 담당 김엽 PD도 〈지금은 라디오 시대〉 팬들 때문에 〈TV 가요교실〉의 시청률이 올랐다고 말할 정도이니까.

이 프로그램을 진행하면서는 정말 웬만한 노래는 거의 다 부를 수 있게 되었다. 가사까지 완벽하게 말이다. 일주일에 5일이나 방송되는 터라 한 주일에 최소한 다섯곡은 완벽하게 소화가 되니 내 레퍼토리가 다양해질 수밖에.

〈뽀뽀뽀〉를 진행할 때는 동요를 참으로 많이 불렀는데 이제는 세월이 많이 흘렀는지 그 풋풋하던 뽀미 언니가 트로트란 트로트는 다 부르는 〈TV 가요교실〉의 아줌마가 된 것이다.

어쨌든 나도 이제 아줌마라 그런지 트로트가 좋다.

그래서 도통 이 프로그램에 안 나오던 주현미 씨를 설득해 나오도록 했고 심수봉 언니, 혜은이 언니, 윤수일, 최백호 아저씨를 모시고 트로트를 열심히 배웠다. 어디 그뿐이랴. 이광조 오빠, 이용 오빠 등과 재미나게 노래를 부르며 이야기했던 것도 기억에 남는다.

테크니컬 코치로 함께 진행을 했던 김창남 씨는 정말 〈TV 가요교실〉에 없어서는 안될 존재였다. 나를 최공주로 부르는 등(당시 김자옥 선배의 공주병 코미디가 유행이었기 때문에) 워낙 재미있게 이야기도 잘 하시지만 음악적인 부분을 정확하게 짚어주는 그야말로 음악의 전도사, 테크니컬 코치였다. 자신이 직접 작사·작곡은 물론이요, 노래까지 하는 가수이다 보니 나야 재미있게 전체 진행을 하는 데만 신경을 썼고 정작 이 프로그램을 음악적으로 잘 이끌어준 사람은 역시 김창남 씨였으니까.

나도 노래 실력이 그다지 나쁘진 않지만 이 프로그램을 통해서, 또 김창남 씨의 테크니컬 코치에 힘입어 프로가 끝날 즈음엔 실력이 꽤나 향상되어 있었다.

가끔 노래방에도 가긴 하지만 언제 아줌마가 이렇게 마음놓고 노래를 배우고 마음껏 불러볼 기회가 있으랴. 그런 기회를 마련해 준 이 프로그램에 수업료를 내고 싶은 심정이다.

밤의 이야기쇼

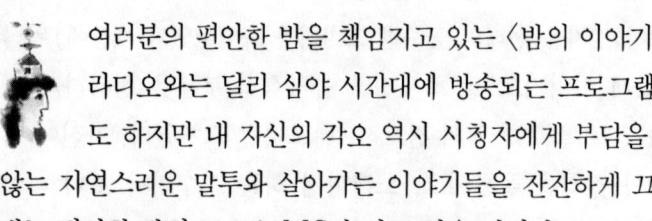
여러분의 편안한 밤을 책임지고 있는 〈밤의 이야기쇼〉! 라디오와는 달리 심야 시간대에 방송되는 프로그램이기도 하지만 내 자신의 각오 역시 시청자에게 부담을 주지 않는 자연스러운 말투와 살아가는 이야기들을 잔잔하게 끄집어내는 편안한 밤의 토크쇼 MC가 되고 싶은 것이다.

사실 그런 나의 바람과 딱 맞아떨어진 프로가 바로 KBS의 목요일 밤(원래는 수요일이었음) 11시에서 1시까지 방송되는 〈밤의 이야기쇼〉이다.

〈아침마당〉으로 주부들 사이에서 인기가 높은 이상벽 선생님과 함께 진행을 하고 있는데 역시 관록이 있으신 분이라 그런지 참으로 화려하게 말씀을 잘하신다. 게다가 기자 출신이라 웬만한 사람에 대해서 모르는 게 없는, 어찌 보면 토크쇼의 가장 적임자인 것 같다. 프로그램을 대하는 자세에서도 배울 게 많은데 녹화 전에 준비를 철저히 하는 그 완벽성은 프로 정신에서 나오는 것 같아 아직 한참 후배인 내게 여러 가지로 좋은 공부가 되고 있다.

어쨌든 이상벽 선생님이 그렇게 프로그램의 주인으로 든든하게 버텨주시는 대신 나는 다른 부분에서 내 역할을 찾으려고 한다. 여성으로서 또는 가정주부로서의 살림 경험을 살리는 것 등이 그런 경우이다.

예를 들면 〈엄앵란과 이택림의 사랑방〉의 엄앵란 선배처럼 말이다. 나 스스로도 그 프로에 출연해 본 경험이 있지만 만약 이택림 씨만 있었다면 내가 친정 엄마에 대한 얘기나 살아가는 속내를 쉽게 내보일 수 있었을까? 바로 그런 얘기가 자연스럽게 나오도록 하는 것이 내가 할 수 있는 역할이라고 생각했다.

국회의원인 박성범 씨와 결혼해서 행복하게 살고 있는 아나운서 신은경 씨가 나왔을 때였다. 이제 막 2개월된 딸의 엄마가 된 신은경 씨에게 이 다음에 아기에게 기념이 될 수 있게 엄마로서 사랑의 말을 몇 마디 전해달라고 내가 즉석에서 부탁을 했었다.

그런데 엄마 마음은 엄마들이 안다고, 신은경 씨가 딸에게 하는 얘기를 듣고 있자니 내 눈에 이슬이 그렁그렁 맺혀오는 것이 아닌가. 신은경 씨는 자기는 담담하게 얘기를 끝냈는데 내 눈이 촉촉히 젖어 있는 것을 보고 자기도 모르게 눈물이 난다면서 울고 있었다.

탤런트 신애라 씨가 나왔을 때도 결혼해서 행복하다고만 하는 것을 중간에 내가 "그런 것 말고 어려운 점 없어요? 부부 싸움도 당연히 할 거 아녜요? 그런 것 있으면 속시원히 털어놔봐요." 하고 실제 생활 속의 이야기를 물어봤다. 그러자 신애라 씨는 주저주저하면서 "사실 매일 밥해 주느라 신경썼는데도 한 끼만 소홀하면 남편 차인표 씨가 네가 언제 나에게 한 번이라도 밥 따뜻하게 해줘 봤어?" 하고 툴툴거린다는 것을 솔직하게 털어놓았다.

"글쎄 남편이란 사람들이 다들 그래요. 일 년 365일 매끼니마다 해주는데도 어쩌다 한 번 밥 안 해주면 그런 소리를 한다니까요. 우리집도 그래요."

바로 이런 얘기를, 처음에는 좀처럼 내보이지 않다가 출연자들로 하여금 속깊은 얘기를 털어놓게 만드는 그런 MC가 되려고 지금도 나는 노력중이다.

헐리우드의 노랑나비로 인기절정인 누드모델 이승희 씨가 출연을 했을 때도 어렸을 때 이혼한 부모 때문에 사랑에 목말라하는 그녀를 보면서, 그녀가 가장 많이 애정을 가졌던 돌아가신 할머니에게 하고 싶은 말이 있으면 털어놓으라고 유도를 했다.

그러자 이제는 성공해서 할머니가 나를 자랑스럽게 생각할 거라는 그런 얘기를 하면서 펑펑 우는 이승희 씨를 보면서 아마 시청자들도 화려한 이승희의 뒤에 숨어 있는 혼자만의 고독을 충분히 느꼈을 것이다.

아직 많은 패널들이 초대된 것은 아니지만 지금까지 나왔던 분들 중에서 나는 특히 탤런트 전원주 씨의 가슴아픈 이야기가 잊혀지지 않는다.

부부가 모처럼 같이 출연했었는데, 보통 여자 출연자들이 눈물을 흘리는 경우는 대개 친정 부모 얘기를 한다거나 아이들 얘기를 하다가 울게 마련인데 전원주 씨는 그런 부분은 의외로 담담하게 지나쳤다.

그런데 살면서 가장 힘든 때가 언제였냐고 물었더니 갑자기 입술까지 바르르 떨면서 동료 연기자들이 주인공할 때 자기는 식모역을 했던 그 시절이었다는 것이다. 아들아이 국민학교 입학식에 갔는데 이상하게 아들아이가 없어져 집에 와봤더니 아이가 울면서 "아이들이 모두 저기 식모 온다, 식모 온다." 하길래 하도 창피해서 그냥 집으로 왔다는 얘길 하면서 말이다.

그 말을 들었을 때 전원주 씨는 정말로 연기를 그만두려고 했었다고 한다. 하지만 만약 거기서 그만두면 자기는 정말 식모역할만 하다 이름도 없이 끝날 것 같아서 오기가 발동, 지금까지 버텨왔단다.

전원주 씨의 그런 얘기를 듣고 있자니 새삼 그런 상황에서도 지금까지 자신의 자리를 지키고 있는 프로의 자세가 높게 보였다.

이번 프로그램을 얼마 진행하지는 않았지만 앞에서 얘기했듯이 살아가는 이야기를 푸근하게 털어놓을 수 있도록 출연자들에게 나를 보이고 싶고, 시청자들에게는 밤마다 편안하게 다가가는 그런 MC가 되고 싶은 것이 내 작은 바람이다.

체험! 삶의 현장

이종환 선생님과 내가 〈체험! 삶의 현장〉인, 안성에 있는 '천하 강냉이'에 도착한 것은 눈발이 간간이 날리는 2월의 어느 날이었다.

아침 일찍부터 하루 종일 강냉이를 튀겨야 한다고 해서 일찍부터 정임이를 오라고 하고는 준영이 유치원에 가는 것도 못 챙겨주고 집을 나섰다.

"엄마! 강냉이 잘 만들고 오세요."

강냉이가 뭔지도 모르면서 잘 만들고 오라는 아들의 격려사를 들으며 씩씩하게 집을 나섰다.

'이래봬도 나도 집안일이라면 웬만한 노동자 뺨치게 일하는 사람인데!'

그 프로그램에 출연했던 사람들에게 힘들었다는 얘기를 숱하게 들어오긴 했지만 나도 일이라면 파출부보다도 더 힘들게 하루 종일 하는 가정주부이다. 힘들어봤자 얼마나 힘들겠어, 하면서 씩씩한 마음가짐으로 출발했다.

그런데 웬걸.

도착하자마자 차 한 잔 없이 대뜸 작업복으로 갈아입히더니 작업반장인 듯싶은 사람이 밖에 서 있는 큰 트럭으로 이종환 선생님과 나를 내모는 것이 아닌가.

그 트럭에는 강냉이 푸대가 몇백 푸대나 쌓여 있었다. 강냉이 한 푸대에 25킬로그램! 그것을 일일이 창고 안으로 옮겨놓으라는 거다.

아이, 농담이겠지. 카메라로 잡는 건 옮기기 전에 쌓여 있는 모습 찍고 한두 푸대 옮기는 것 찍고는 다 옮기고 난 다음 비어 있는 트럭 찍으면 시청자들은 우리가 옮긴 줄 알 테니까 그렇게 해줄 줄 알았다.

그런데 그게 아니었다. 우리보고 다 옮기라는 것이다. 장난이 아니었다. 나중에 이종환 선생님이 제작진이 아무래도 우릴 골탕 먹이려고 그런 것 같다고 생각했을 정도니까 얼마나 힘들었는지는 겪어보지 않은 사람은 아마 잘 모를 것이다.

하나씩 옮기다가는 아무래도 해가 지도록 날라도 끝날 것 같지 않아 이선생님은 나중에 자신의 어깨에 두 푸대도 모자라 세 푸대씩 올리라고 했다.

세 푸대면 75킬로그램! 쌀 한 가마니와 맞먹는 무겐데 평소 그렇게 힘든 일을 해본 적이 없으신 이선생님으로서는 당연히 무리한 일일 수밖에 없었다.

푸대를 어깨에 메고 그 자리에 푹 쓰러져버린 것이다.

나 또한 준영이가 25킬로그램쯤 되니까 한 푸대는 당연히 덥썩 들어서 옮길 줄 알았는데 전혀 그게 아니었다. 아무튼 쓰러지고 넘어지고 질질 끌면서 그 많은 푸대를 옮기는 데 반나절은 족히 간 것 같다.

푸대 옮기기 다음은 그야말로 뻥튀기!

어린 시절 뻥튀기 아저씨의 뻥이야! 하는 소리에 모두들 귀를 막아 보았던 기억이 있는 사람들은 뻥튀기 소리가 얼마나 큰지 잘 아실 것이다.

하물며 뻥튀기 한 개에서 나는 소리도 그토록 시끄러운데 수십 대가 한꺼번에 몰려 있으니 여기저기서 뻥튀기는 소리가 마치 전쟁터에서 대포 터지는 소리처럼 뻥뻥! 쉬지 않고 들려오는데 이건 완전히 죽을 맛이었다.

그래도 나는 여자라고 압력이 130쯤 되면 터지게 하라고 해서 괜찮았는데 이종환 선생님은 150 가까이 위험 수위에 다다러서야 뻥을 터뜨리게 하는데 소리는 고사하고 굉장히 위험해서 겁이 날 지경이었다. 자칫 잘못해서 150을 넘어가면 그냥 폭발될 수도 있다고 하니 등에서 진땀을 흘리면서 여기서 뻥, 하고 재빨리 달려가서 압력계를 보며 저기서 뻥, 터뜨리는 선생님을 보니 그렇게 안쓰러울 수가 없었다.

점심시간 종이 울린 게 그렇게 반가울 수가 없을 정도였다. 아마 학교 다닐 때 이후 점심시간이 그렇게 반가워보긴 처음일 것이다.

반찬은 몇 가지 되지 않았지만 손수 준비해 온 것이어서 그런지 아니면 하도 일을 많이 해서 시장이 반찬이었는지 선생님과 나는 너무 맛있게 먹었다.

　일하시는 분들이 반가워서 그랬는지 이종환 선생님에게 노래 한 곡 불러달라고 그렇게 청했건만 이상하게 쑥스러워하시며 도망을 가셔서 아쉽게도 노래를 들을 기회는 없었다.

　점심을 먹고 잠시 숨을 돌릴 틈도 없이 이번에는 소라과자 만들기와 뻥튀기를 봉지에 담는 작업에 들어갔는데 그래도 이 작업은 푸대 나르는 것에 비하면 양반이었다. 왜냐하면 같은 일을 해도 강냉이를 실컷 먹을 수 있었으니까 말이다.

　하루 종일 일하고 받은 일당이 이종환 선생님은 4만원! 나는 3만원!

　'천하 강냉이'에서 일하는 분들 중에 가장 많이 받는 분이 2백만원(위험수당까지 포함돼서 그렇다고 한다), 보통은 75만원이라고 하는데 그분들에 비하면 우리들이 좀 많이 받은 것 같다.

　나의 일당이 어려운 이웃들을 위해 쓰여진다니 그 후 며칠 동안 몸살을 앓으면서도 보람을 느끼며 마음만은 내내 흐뭇할 수 있었던 〈체험! 삶의 현장〉이었다.

TV는 사랑을 싣고

지나간 시간 중에서 가장 만나고 싶은, 보고 싶은 사람이 누구일까.

얼마 전 KBS TV의 〈TV는 사랑을 싣고〉 프로그램에서 나에게 이런 질문을 해왔는데 돌이켜보니 정말로 내게는 지난 시절의 추억이란 게 없다는 생각을 새삼 하게 됐다. 엄마 얘기를 하면서 내가 어떻게 자랐는지에 대해서 말했듯이 엄마의 지나친 과보호 때문에 도대체가 추억을 만들 시간이 전혀 없었던 때문이다. 게다가 아빠의 영향인지는 몰라도 나는 다른 아이들처럼 남자 친구, 또는 남선생님을 짝사랑하면서 그렇게 보낸 여늬 아이들 같은 사춘기도 없었기 때문이다.

첫사랑의 상대도 남들보다 늦게 스물네 살이나 되어서야 지금의 남편이었으니 추억이란 이름은 내게는 거의 없을 수밖에.

하지만 그 삭막한 지난날 속에서도 절대로 잊혀지지 않는 선생님이 한 분 있으니 그분이 바로 남가좌동에 있는 연가 초등학교 1학년 때의 담임 선생님이셨던 김성환 선생님이시다.

선생님은 참으로 다정다감하게 아이들을 대해 주셨고 특히 극성인 엄마에게 시달리는 나를 위로해 주시며 좋은 말씀을 해 주셨던 따뜻한 분으로 내 기억에 남아 있다.

당시 한 달에 한 번인가 폐품을 가져와야 하는 날이 있었다. 엄마에게 얘기했더니 엄마 말씀이 '이따가 내가 가져갈 테니 너는 그냥 학교나 가라'고 해서 학교엘 왔는데, 도대체 끝나는 시간이 되도록 엄마가 학교엘 나타나지 않는 것이었다.

선생님이 "폐품 모두 가져왔지?" 하자 다른 아이들은 씩씩하게 대답하는데 나만 말도 못 하고 고개를 숙일 수밖에. 그러자 아이들이 "안나는 안 가져왔대요." 하면서 다들 나를 쳐다보고 놀리는 것이 아닌가.

당시만 해도 나는 학급의 반장이긴 했지만 수줍어서 말도 잘 못하고 소극적인 그런 아이였다. 왜 안 가져왔냐는 선생님의 말씀에 제대로 대답도 못 하다가 아이들이 놀리는 소리에 간신히 "이따가 엄마가 가져온다고 해서." 하면서 입을 떼었다. 그러자 아이들은 "거짓말이래요." 하면서 놀렸고, 그럼에도 선생님은 다정한 목소리로 "그래, 알았다. 이제 곧 엄마가 오실거야." 하면서 내 말을 믿어 주셨다. 그리고 때마침 그 고마움에 보답이라도 하듯 엄마가 푸대에다 한 자루는 되는 폐품을 머리에 이고 지고 학교엘 나타나신 것이다.

또 한 번은 이런 일이 있었다. 당시 집에만 오면 엄마는 나를

지금은 라디오 시대, 아니 최유라 시대

앉혀놓고 늘 공부를 시켰는데 엄마가 묻는 문제에 대해 답을 잘 못 말하거나 조금이라도 늦게 대답을 하면 막 야단을 치기 일쑤였다. 그런데 몰라서 대답을 못하는 경우보다 엄마의 다그치는 힘에 눌려서 제대로 대답을 못해 야단맞는 경우가 많았다.

그날도 공부하다가 엄마에게 혼이 나서 서글픈 마음으로 간다고 간 것이 어떻게 학교로 가게 되었다. 그때 마침 김성환 선생님이 계시다가 나를 달래주신다고 플라스틱으로 만들어진 글자를 가르쳐 주시며 엄마가 다 안나를 사랑하기 때문이라고 위로를 해주셨다.

바람이 꽤 많이 불었던 날로 기억하는데 선생님의 위로를 받고 집으로 돌아오던 내 마음은 너무나 편안했고 행복했다.

그 뒤에도 엄마에게 야단을 맞고 집 앞 대문에 앉아서 울고 있는데 마침 선생님이 지나가시다가 나를 발견하곤 아무 말도 않으시고 업어주시며 맛있는 과자를 사주셨던 기억도 있다.

내가 가족이나 지금의 남편 외에 누군가를 좋아한 적이 있다면 그건 아마 바로 김성환 선생님일 것이다. 그 선생님을 한번 만나뵙고 싶었다. 내 기억 속에 다정했던 선생님, 잘생긴 선생님으로 남아 있는 김성환 선생님을 말이다.

선생님을 찾기 위해서 추적한 화면을 보니까 선생님은 그 후에 다른 학교로 전근을 가셨다가 이상하게도 그 다음부터의 기록이 남아 있지 않아서 제작진이 몹시 고생을 했던 것 같다. 다행히 서울시 장학사로 계시던 한 분이 기억을 하셔서 모 고등학교에 영어 교사로 계신다는 정보를 입수, 광남 고등학교로 갔는데 공교롭게도 그곳에 같은 이름을 가진 선생님이 두 분이나 계셔서 웃음을 자아내기도 했다.

소풍을 간 장소를 따라가서 확인한 흐릿한 선생님의 모습. 막상 선생님을 부르려니까 어찌나 가슴이 떨리고 눈물이 나오던지.

김성환 선생님! 하고 부르자 나타나는 선생님의 모습을 뵈니까 근 20년 만에 뵙는데도 그다지 늙지 않으시고 인자한 모습을 그대로 간직하고 계신 것이 아닌가.

엄마의 얘기에 의하면 당시 선생님이 대학원엘 다니는 것 같았다고 했는데 정말로 선생님은 국민학교에 그치지 않고 고등학교로 자리를 옮겨서 영어 교사가 되어 계셨다. 하지만 다정하게 말씀하시는 것만은 여전히 옛날 그대로이셨다.

운동회때 내가 배구공을 튀기면서 달리기를 해서 일등을 했던, 나도 기억하지 못하던 일을 얘기해 주시는가 하면 우리 엄마가 학급 대항에서 지면 안된다며 그렇게 열심히 폐품을 날라다 주셨던 것을 오히려 고마운 기억으로 갖고 계신다고도 했다.

그리고 무엇보다도 내 이름이 '안나'인데 혹시 어머니에게 아들이 아니고 딸이라서 '안 나'라고 지었냐고 물어보셨었다는 것이다. 그래서 독특한 내 이름을 기억하신다고 했다.

여러분들은 다 아시죠? 제 이름이 세례명이라는 거요.

세월이 그렇게 흘렀는데도 여전히 좋은 선생님으로 남아 있는 김성환 선생님을 만나고도 그날 나는 4시 생방송 때문에 선생님께 저녁 한끼 대접도 못하고 바삐 돌아올 수밖에 없었다.

세상에 방송이 뭔지 사람 노릇도 제대로 할 수가 없으니, 원 쯧쯧쯧.

29살 차이, 그러나 환상의 파트너

〈밤의 디스크쇼〉!
 따라라라라, 하는 시그널 음악과 함께 여지없이 들리는 이종환 아저씨의 목소리. 그걸 듣느라고 그 시간만 되면 숨을 죽이고 한 마디 한 마디를 놓칠세라 귀를 쫑끗 세우던 시절.
 이종환 아저씨의 목소리는 내 고등학교 시절을 풍성하게 만들어 주었던 장본인이다. 워낙 재미없는 모범생이라 매일 밤 꼬박꼬박 듣는 열성 팬은 아니었지만 그나마 유일하게 듣는 프로그램이 바로 이종환 아저씨의 〈밤의 디스크쇼〉였다.
 세상에, 그런데 내가 바로 그 이종환 아저씨와 프로그램을 같이 하게 되다니. 참으로 상상도 못한, 그야말로 사건이라면 사건이 아닐 수 없었다.

라디오 프로그램으로서는 감히 쳐다도 보지 못할 만큼 까마득한 선배요(1964년도에 라디오 진행을 처음 하셨다니까 그때는 내가 아직 엄마 뱃속에도 있지 않던 그런 시절이니 말이다), DJ가 어느 정도 서로 연령이 비슷해야 할텐데 나이차는 또 좀 많은가 말이다.

〈100분쇼〉를 진행하던 서세원 오빠도 열 살 이상 차이가 났는데 황인용 선배로 점차 연령이 더 벌어지는가 싶더니 급기야는 이종환 선생님과 근 30년이란 나이차로 파트너 연령이 급격히 벌어지고야 만 것이다.

걱정이었다. 까마득한 선배님을 모시고 라디오 진행을 할 생각을 하니 혹 말을 하다가 실수나 하지 않을까, 내가 건방지다고 생각하게 되지나 않을까 등등 온갖 걱정이 떠나질 않았다.

가뜩이나 잔뜩 긴장하고 있는데 첫날 프로그램을 같이 진행하면서 이종환 선생님이 두 시간 내내 나한테서 등을 돌리고 계시는 것이 아닌가.

'세상에 내가 마음에 안 드시나봐. 이걸 어쩌나?'

편지를 읽고 청취자들과 전화로 웃으면서도 온 신경은 선생님 등쪽으로만 쏠리는 것이 방송하는 동안 내내 좌불안석이었다.

그렇다고 솔직하게 '선생님! 제가 싫으세요.' 하고 물어볼 수도 없는 일. 이러지도 저러지도 못하고 참으로 난감한 일이 아닐 수 없었다.

그런데 다음 날! 세상에 두 시간 동안 또 내내 등을 돌리고 진행을 하시는 것이 아닌가. 그 다음 날도 그 다음 날도 계속 등

지금은 라디오 시대, 아니 최유라 시대

을 돌리고 앉으시는 건 여전히 바뀔 줄을 몰랐다.

그러다가 나는 처음에는 내가 싫어서 그러는 줄 알았다가 점차 시간이 흐르면서 보니까 그게 아닌 다른 사연이 있는 것 같아서 어느 날 용기를 내서 선생님께 여쭤보았다.

"선생님! 왜 프로그램 진행할 때 저한테 등을 돌리고 앉으세요?"

"응, 그거? 나한테서 담배 냄새 날까봐."

"네에?"

"내가 워낙 담배에 찌들어서 사는 사람이잖아. 그래서 유라씨한테 실례가 될 것 같아서 그런 건데 왜, 그래도 담배 냄새가 나?"

세상에 그런 깊은 뜻이 있는지도 모르고 나 혼자 그 동안 오해를 한 걸 생각하면 기가 막혀서 웃을 수밖에.

이종환 선생님은 DJ로서 참으로 바른말을 참지 않고 속사포처럼 쏟아놓는 분이시다. 내가 청취자들의 사연을 들으면서 깔깔거리고 수다를 떠는 대신 선생님은 힘있는 목소리로 우리 프로그램의 무게를 잡아주신다.

선생님은 자신의 딸로 쳐도 막내딸뻘쯤 되는 나에게 반말을 하셔도 될텐데 꼭 존댓말을 고집하시며 커피 한 잔을 마셔도 꼭 내 몫까지 손수 챙겨주시는 등 정말 나를 딸처럼 이뻐해 주신다.

간혹 목소리만 듣고서 우리를 부부로 착각하시는 청취자들도 있다지만 그건 단골 청취자에겐 있을 수 없는 일이다. 이종환 선생님이 하도 내 남편 맹씨 이야기를 하셔서 웬만한 청취자는

저, 살림하는 여자예요

이제 편지 서두에 우리 남편 맹씨 안부까지 챙길 정도이다. '맹씨! 맹씨!' 하고 하도 외치셔서 이제 내 남편은 아예 맹씨로 굳어졌다.

아무튼 이종환 선생님은 〈지금은 라디오 시대〉에서 깔깔거리며 푼수를 떠는 내가 단지 푼수 아줌마로만 보이지 않게 만드는 힘을 갖고 계시는, 나에게는 더없는 환상의 파트너이다.

지금은 라디오 시대

내가 지금 진행하고 있는 MBC 〈지금은 라디오 시대〉가 청취율 조사에서 수많은 각종 라디오 프로그램을 젖히고 당당 1위를 차지했다.

이 프로그램을 진행하는 나나 이종환 선생님으로서는 더할나위없는 영광이지만 사실 이 모든 영광은 우리 프로그램을 아껴주시는 청취자 여러분들의 몫이라고 생각한다. 〈지금은 라디오 시대〉는 청취자 여러분들이 보내주시는 재미있는 편지 사연이 아니면 솔직한 말로 장사(?)가 안 되기 때문이다.

사람 사는 체취가 이렇게 물씬 묻어나는 사연들이 어디 있으랴 싶게 미칠 듯한 웃음을 자아내는 사연에서부터, 어떨 때는 눈물이 쏙 빠지도록 감동적이고 슬픈 사연들이 전국에서 거짓말 안 보태고 하루에 쌀가마니 하나 정도 되는 자루로 배달되어

온다. 그뿐이랴. 팩스로 배달되어 오는 사연은 무릇 기하며 전화로 수다나 모창 노래방에 참가하는 청취자는 또 무릇 기하인고.

우리야 스튜디오에서 프로그램을 진행하니까 그 시간 어디서 어떤 분들이 우리 프로그램을 재미있게 들어주시는지는 사실 알 수가 없다. 그런데 청취자들이 보내주시는 편지나 팩스를 통해서 어느 정도 알 수 있다.

얼마 전 한 분이 보내온 사연인즉 자동차를 운전하다가 백미러를 통해 보니까 아무래도 뒤에 따라오는 소나타 승용차에 앉은 부부가 히죽히죽 웃는 게 영 이상하게 느껴지더라나. 마침 차가 막히는 바람에 꽤 오랜 시간을 지켜볼 수밖에 없었는데 히죽히죽 웃다못해 나중에는 온몸을 흔들면서 웃어대는데 아무래도 마약을 했거나 아니면 정신이상자가 아닐까 하는 생각이 퍼뜩 스치더란다.

마침 순찰 나온 경찰차가 저 앞에 보이길래 끽 서서 뒤따라오는 소나타 승용차에 탄 부부가 아무래도 이상하니(손가락으로 머리 위에 대고 모션을 해가며) 검문을 해보라고 일렀단다. 당연히 그 경찰이 세우고 부부에게 사연을 물은즉, 이종환, 최유라의 〈지금은 라디오 시대〉를 듣는 중이었다나.

이렇게 보내주시는 사연을 통해 정말 많은 분들이 우리 프로그램을 들어주신다는 것을 실감하고 있다. 이토록 많은 사람들에게 건강한 웃음을 선사할 수 있게 사연 보내주는 청취자분들도 고맙고 또 그 사연을 들으면서 웃어주는 분들도 모두 고마울 따름이다.

그렇기 때문에 살아 있는 웃음을 전하기 위해서 나는 절대 방송 전에 편지를 읽지 않는다는 원칙을 갖고 있다. 처음에는 내용을 알아야 준비를 할 수 있다는 부담으로 방송 전에 편지를 꼭꼭 읽었었다.

하지만 이상하게 한 번 읽어본 편지 사연을 소개하다 보면 이미 내가 내용을 알고 있어서인지 감칠맛나게 전달이 안 된다는 것을 알게 되었다. 그래서 지금은 방송 전에 절대 편지를 읽지 않는다. 청취자들에게 더 좋은 웃음을 선사하기 위해서 처음 느낌 그대로를 전달해줘야 한다는 생각 때문이다.

청취자 여러분들 중에 하루에 쌓인 피로나 스트레스를 웃음으로 해소한다는 사연을 보내주시는 분들이 많은데 진행을 하는 나 자신도 〈지금은 라디오 시대〉를 통해 온갖 스트레스를 해소하고 있다.

아이 키우랴, 집안일 하랴, 나도 한 가정의 엄마이자 주부요, 며느리이자 아내이기 때문에 다른 사람들하고 똑같이 스트레스를 받을 일이 많은 그런 사람이다. 청취자들을 위해 항상 좋은 상태에서 방송하려고 노력하지만 때론 그렇지 않을 때가 있다.

하지만 방송 전에 안 좋은 일이 있어서 불편한 마음으로 마이크 앞에 앉았다가도 청취자들의 편지를 읽으면서 또 전화 통화를 하다 보면 나도 모르게 가슴이 확 트이고 온갖 근심걱정이 사라져 방송 두 시간이 끝나고 나서 집으로 돌아갈 때는 올 때와는 전혀 다른 마음 상태가 돼서 돌아간 적이 한두 번이 아니다.

청취자 여러분, 〈지금은 라디오 시대〉는 이렇게 청취자들에게만 즐거움을 선사하는 프로그램이 아니고 최유라 저 자신에

저, 살림하는 여자예요

게도 없어서는 안 되는 그런 프로그램이랍니다.

웃음이 묻어나는 편지

〈지금은 라디오 시대〉의 하이라이트라고나 할까. '웃음이 묻어나는 편지'는 코너 이름 자체대로 읽다 보면 정말 웃음이 절로 묻어나온다. 하지만 단지 그냥 깔깔거리고 웃고 지나가기에는 너무나 애틋한 사연이 들어 있을 때도 있고, 다시 한 번 산다는 것에 대해 생각해 보게도 하는, 정말 우리 시대의 살아 있는 모습을 그대로 간직한 사연들이 많다.

웃음이 묻어나는 편지 하나!

담배를 좋아하는 어느 장로님의 사연을 같은 교회에 다니는 분이 적어보낸 걸로 기억하는데 그 장로님이 담배 때문에 씨감자 2개, 고구마 하나, 솔잎가지를 홀랑 태웠다는 사연이 들어 있는 편지였다.

내가 처음에 '씨감자'라는 뜻이 뭔지도 모르고 단지 황당하게 그곳에 화상을 입은 장로님을 안쓰러워하면서 웃었는데 이종환 선생님은 내가 그 뜻을 알아듣고 웃는 줄 알고 최유라도 상당한 수준이군, 하고 속으로 생각하셨다가 나중에 내가 뜻도 모르고 그냥 웃은 줄 알곤 오해를 푸시며 더욱 웃을 수밖에 없었던 그런 사연의 편지다.

사연의 주인공은 시골에 사시는 장로님이었는데 장로님의 유일한 낙이 몰래 담배 한 대 물고 볼일을 보시는 거였단다. 그런데 추석이 가까워오자 서울에서 손주 손녀들이 내려오게 되었는데, 어른들은 재래식 화장실을 사용하는 것이 괜찮지만 아직 어린 손주 손녀들은 구더기가 우글거리는 시골 화장실 들어가기를 영 꺼리고 무서워하더란다.

그래서 사모님이 추석에 내려올 손자 손녀들에게 좀더 깨끗한 화장실을 사용하게 하실 요량으로 구더기를 없애버리기로 마음먹고 구더기 없애는 데 좋은 신나를 구하러 다니셨단다. 그런데 웬걸, 개똥도 약에 쓸려면 없다고 도대체 신나를 구할 수가 없어서 대용품으로 생각해낸 것이 휘발유였단다. 사모님은 휘발유를 화장실 변기 속에 쏟아부어 놓고 구더기가 없는 화장실을 손주 손녀들이 사용할 생각에 흐뭇한 마음으로 추석을 맞으셨단다.

문제의 추석날 아침! 장로님은 서울의 손주 손녀들이 집에 와 있는 관계로 담배를 참고 참으시다가 혼자만의 호젓한 공간인 화장실에 들어가 흐뭇한 마음으로 담배를 태우셨단다. 거기까지는 좋았는데 다 태우고 난 꽁초를 처치할 데가 없어 두리번거리다가 아하, 그냥 저 아래로! 하는 생각과 함께 완전 범죄를 하려는 마음이 합해져 그만 화장실 안에다 담뱃재를 던지고 말았단다.

그런데 바로 그 순간 갑자기 불이 붙더니 그만 신성한 아랫도리를 홀랑 태우고 말았다나. 다른 날도 아닌 추석날, 손자 손녀 다 보는 앞에서 '불이야!' 하면서 화장실 문을 박차고 나와서 이리 뛰고 저리 뛰고. 그것도 참 체면이 말이 아니었겠지만 남

저, 살림하는 여자예요

자의 중요한 부분을 망가뜨릴 뻔했으니, 쯧쯧쯧.
 편지의 사연이 너무 재미있어 읽고 계신 이종환 선생님은 물론 나도 깔깔거리며 웃고 있었다. 그런데 이종환 선생님이 대뜸 내게 묻는 것이었다.
 "아니, 최유라 씨! 씨감자가 무슨 뜻인지 알고 웃는 거예요?"
 "아니, 씨감자가 무슨 뜻인데요?"
 "그런데 내가 편지 읽는 동안 왜 그렇게 웃었어요?"
 "저요? 전 편지가 재밌으니까 웃었죠."
 "아유 아유, 내 그럴 줄 알았어. 씨감자란……."
 세상에 세상에. 그때서야 씨감자와 고구마 솔잎가지의 정확한 뜻을 알아챈 나는 그 절묘한 표현에 감탄을 하지 않을 수 없어서 정말로 미친 듯이 다시 깔깔깔깔 웃기 시작했다. 미친 듯이 웃는 나를 보고 이종환 선생님은 뜻도 모르고 웃었다가 이제서야 눈치챈 나의 형광등 실력을 기가 막혀 하면서 다시 껄껄껄 웃으시는 게 아닌가.

웃음이 묻어나는 편지 둘!

 부부 관계를 좀더 돈독히 해보려다 실패로 돌아가 한숨을 내쉬며 어느 주부가 쓴 사연으로 에피소드가 너무 재미났었던 그런 사연이다.
 결혼한 햇수가 오래 돼서 그런지 남편이 피곤해서 그런지 도통 그즈음 들어 그들 부부 관계가 영 소원했었다나. 그런 남편을 어떻게든 움직여서 사랑 좀 받아보려고 생각한 끝에 '권태기를 극복하는 법'의 일환으로 〈부부생활 리서치〉란 비디오가 인기라는 기사를 읽고는 바로 이거다! 싶어 그 길로 비디오 가게로 달려갔단다. 혹시 자신을 구원해 줄 내용이 없나 싶어 눈을 크게 뜨고 비디오를 열심히 보고 있다가 '남편을 유혹하는 법'이란 대목에서 바로 이거다, 라는 결론을 내리고 실천에 돌입했단다.

그 유혹법이란 게 바로 목욕탕에 거품을 잔뜩 풀어놓고 욕조 가장자리에다가는 분위기 있게 촛불을 돌아가며 꽂아놓고 남편을 욕탕으로 유인, 목욕을 하고 있는 동안 자기는 정성들여 화장을 하고 야한 옷으로 갈아입고 대기하고 있는다는 거다. 그러면 남편이 분위기에 취해가지고, 흐흐흐.

그날따라 일찍 들어온 남편에게 평소에 안하던 콧소리까지 하면서 "여봉~, 당신 샤워해야겠넹~ 샤워하고 오이소." 했단다. 몇 번 말해도 들은 척도 안 하던 남편이 자꾸 재촉하는 부인의 성화에 못 이겼는지 "내사 샤워 안 해도 되는데." 하면서 욕탕으로 들어가더라나.

1차는 성공이다 싶어 욕탕으로 들어가는 남편을 보고 자기는 안방으로 가서 빨간 립스틱으로 입술을 그리며, 잠시 후에 있을 짜릿한 장면을 생각하는 것만으로도 가슴이 흥분되더란다. 그런데 미처 아랫입술을 그릴 틈도 없이 윗입술 그리기만 끝났는데 갑자기 '아이고' 하는 비명소리가 욕탕에서 들려오더란다.

부랴부랴 뛰어가 보니 남편이 피를 질질 흘리며 돌아다보면서 "이 거품은 뭐고 게다가 이 촛불들은 다 뭐꼬?" 하면서 불같이 화를 내더라는 것이다. 세상에 남편이 욕탕에 몸을 담그기도 전에 거품 때문에 발이 미끄러져 그만 턱이 찢어져버린 것이다. 아이고, 사랑이고 뭐고 당장 병원으로 뛰어갈 수밖에.

저, 살림하는 여자예요

5바늘이나 꿰매서 입도 제대로 움직이지 못하는 남편이 아내를 보고 "아이구 이 문디 가시내. 니 목욕탕 청소했나? 얼라 입술 좀 보래이. 니 쥐잡아 묵었나? 그기 도대체 뭐꼬? 니 세상 그만 살고 싶나?" 하는데 아뭇소리 못하고 묵묵히 돌아올 수밖에.

그러면서 에이 내 복에 사랑은 무신, 그냥 살던 대로 살기로 했습니다, 라는 그 편지 사연을 읽으면서 나는 같은 여자 그것도 아내 입장에서 사랑받기 위해 노력한 그 아주머니의 마음을 충분히 헤아릴 수 있었고, 잘한다고 한 것이 그만 남편 턱을 찢어놓는 불상사로 변해서 의기소침해졌을 아주머니가 웃기면서도 한편으론 가엾게 느껴지기까지 했다.

무엇보다도 편지 말미에 '그냥 살던 대로 살기로 했다'는 그 아주머니에게 그냥 살라고 하기도 뭣하고 또 앞으로 더 노력을 해보라고 하기도 뭣해서 무슨 말을 해야 할지 참 난처했다. 부부 관계는 변화가 필요한 관계고, 부부 사랑도 노력해야 한다는 것은 자명한 일인데 혹시 그렇게 말했다간 턱이 5바늘, 아니 이번에는 10바늘쯤 꿰매야 되는 사태가 벌어지면 어떡하나. 최유라가 책임질 수도 없고, 휴우!

웃음이 묻어나는 편지 셋!

웃음이 묻어나는 편지 세번째 얘기는 어떤 남자분이 보내준 그야말로 향기로운 덩(DUNG)으로 인해 여자 친구를 사귀게 됐다는 포복절도할 사연의 편지이다. 이 편지를 읽으면서 나는 별로 향기롭지 못한 똥(덩)도 사람 사는 세상에서 얼마든지 향기로운 것(?)으로 바뀔 수 있다는 것을 아는 계기가 됐고, 참으로 해학적인 면이 뛰어난 그 남자 청취자의 '똥의 미학'에 감탄, 또 감탄할 수밖에 없었다.

조그만 중소기업체에서 봉고차를 운전하고 있는 기사 청년이 보내준 사연인즉슨, 같은 회사에 근무하는 아리따운 처녀를 마음에 두고 있는데 워낙 콧대높은 그 처녀는 자기를 쳐다도 안 본다는 것이다. 청년은 벙어리 냉가슴 앓듯 그녀가 자기를 만나줄 기회만 노리고 있는데 전혀 엉뚱하게, 느닷없이 '화장실'에서 그만 그 사건이 일어나고 말았다는 것이다.

첫번째 화장실 사건! 그 청년은 술만 먹으면 다음 날 여지없이 설사(?)를 하는 버릇이 있는데 전날 직원들과 회식을 한 터라 당연히 그날 오전에 거래처 회사를 다녀오는 길에 슬슬 신호가 오더라나. 길거리에 차를 세워두고 한 건물로 들어가 화장실을 찾았는데 그 문은 자물쇠로 굳게 잠겨 있고, 조금만 힘을 주면 그쪽에서 곧 쏟아질 것 같은 지경에 이르렀단다.

대체로 그런 경우 오르기보다 내리기가 더 낫다는 그간의 경험에 의해 계단을 올라가다 보면 더 큰일이 나겠다 싶어 거의 살살 기는 형상으로 다시 봉고차에 올라 회사로 살금살금 차를 몰았고, 다행히 회사 화장실까지 무사히 와서 볼일을 볼 수 있었단다.

그런데 덩이란 놈은 성격이 이상해 어떤 놈은 신중히 무겁게 내리누르는 놈이 있는가 하면 느닷없이 오토바이 타는 소리를 내면서 직사포로 쏘는 놈이 있는데 자기는 술 마신 다음 날이면 여지없이 오토바이를 타는 스타일이라나.

어쨌든 시원하게 볼일을 보긴 봤는데 아뿔싸! 아무리 찾아보고 둘러봐도 휴지는 커녕 그 비슷한 것도 없더란다. 그때 마침 아침에 옆 화장실에서 본 스포츠 신문이 생각나 그거라도 써야지 별수 있나 싶어, 옷을 벗은 채로 어기적어기적하면서 옆 화장실 칸에서 문제의 신문지를 들고 다시 자기가 볼일을 보던 화장실로 돌아오던 중이었단다.

그런데 바로 그 순간 느닷없이 터지는 비명 소리가 들려왔고, 깜짝 놀라 바라다보니 그 아리따운 아가씨가 화장실로 들어서다가 그만 이 어처구니없는 광경에 화장실이 떠나가도록 소리를 질러버린 것이었다.

그 다음부터 가까워지기는커녕 자기만 보면 놀리는 것 같아 그 여자 얼굴 쳐다보기도 민망하기 짝이 없더란다. 그랬더니 하늘이 무심치 않았는지 마침내 두번째 기회가 자기에게 찾아왔다는 것이다.

두번째 화장실 사건! 그날도 술 먹은 다음 날이라 여지없이 신호가 왔는데 그 전보다는 훨씬 강도가 약해서 비교적 여유있게 회사 화장실로 향했다나. 그런데 그 회사 화장실이 남녀 공용이라서 첫번째 화장실을 똑똑 노크했더니 뜻밖에 안에서 "들어오세요."하는 소리가 들려 잠시 착각, 그만 문을 열고 말았는데 바로 그 청년을 가슴 설레게 했던 지난번의 그 아가씨가 얌전히 앉아서 볼일을 보고 있더라는 것이다.

"어머나!"

"시, 실례했습니다!"

엉겁결에 일어난 일이라 황당하기 짝이 없지만 중요한 것은 볼일이 급해서였기 때문에 옆 화장실로 들어갈 수밖에 없었단다. 그런데 막 볼일을 보려는 순간, 옆 화장실의 그녀가 자기보다도 더 요란한 소리로 오토바이를 타는 게 아닌가.
"아! 이 사실을 다른 사람에게 얘기해도 되겠습니까?"
"아, 안돼요."
"그럼 저하고 차 한잔 하시는 겁니다?"
"아, 알았어요."
"드라이브는요?"
"아, 알았다니까요."
그 후 둘이는 차 한 잔과 드라이브를 하면서 서로 공통점이 있다는 걸 발견했다나. 콧대높은 그녀가 평소 화장실 문고리 잠그는 걸 잘 잊어먹고 어디서나 사무실로 착각해 "들어오세요." 하는 건망증세가 있다는 것과 술 먹은 다음 날이면 여지없이 그녀도 오토바이를 탄다는 서로의 공통점 때문에 지금은 너무나 사이좋게 지내고 있다는 것이다.
이쯤의 공통분모가 있으면 두 분이 결혼해서 행복하게 같이 사시죠.

웃음이 묻어나는 편지 넷!
사람 사는 세상이 참 재밌다고 느껴지는 게 바로 같은 일을 두고 받아들이는 일이 다르다는 것, 바로 그런 관점의 차이 때문에 우리가 웃을 수 있는 행복도 덤으로 얻는 경우가 있다. 바로 이런 경우가 아닐까 싶다.
이 사연은 팩스로 받아본 사연으로 기억하는데, 당시 보스니아 사태가 심각해 난민 문제가 심심찮게 뉴스로 오를 때였다.

난민들이 먹을 것이 없어 기아로 죽어가기도 하고 깡통에 들어 있는 음식을 먹는 비참한 광경을 온 가족이 함께 시청하고 있는데 그 비참함에 숙연한 기류가 방안을 형성, 조용한 침묵으로 모두들 TV에서 시선을 떼지 못하고 있는데 갑자기 아버지가 혀를 쯧쯧쯧 차시더라는 거다. 모두들 아버님이 얼마나 가슴이 아프셨으면 저러실까, 생각하고 있는데 식구들의 귀에 들리는 소리.

"쯧쯧쯧, 저놈도 왼손잡이라 고생이구먼."

여러분! 정말로 이 상황에서 웃지 않을 사람 있으면 나와보십시오.

웃음이 묻어나는 편지 다섯!

내 이름이 학교 다닐 때는 최안나로 불리웠다는 것은 웬만한 분들은 이제 다 아실 것이다. 이름 때문에 딸만 많은 집인가 보다 하고 오해를 산 적도 있고, 아이들이 안 나! 그만 나! 하면서 놀린 적도 있었다. 하지만 그것보다는 독특한 이름 때문에 기억을 해주시는 분들이 더 많았던 것도 사실이다.

그런데 어떤 사람이 자기 이름 때문에 생긴 에피소드를 보내주었는데 그 내용이 정말 재미있었다. 자기 이름이 마음에 좀 안 들긴 해도 이분처럼 심각한 사람은 없었을 것이다.

이름이 '부리'였던 걸로 기억하는데 공교롭게도 이분의 성이 박씨였다. 이분이 어린 시절 시골 마을에 살 때, 저녁이면 할머니가 때가 되어도 노는 데 정신이 팔려서 집에 들어오지 않는 이 손주를 부르러 다니면 마을 일대가 갑자기 어수선해지기 일

쏘였다고 한다. "부리야!" 하고 크게 부르는 소리를 듣고는 불이 난 줄 알고 뛰어나오다가 다리가 부러진 사람, 턱이 찢어져 꿰맨 사람들이 부지기수였다나.

이렇게 자기 이름에 콤플렉스를 느끼고 있던 이 여자분이 미팅을 나가게 됐는데 상대방 남자에게 드디어 자기 이름을 얘기해야 하는 순간이 왔더란다. 하지만 그대로 자기 이름을 말했다간 어떤 사태가 벌어질지 몰라 우회적인 방법으로 자기 이름을 알리려고 머리를 굴리고 있는데 마침 비둘기가 눈에 띄더라는 것이다.

다행히 미팅 장소가 공원이었기에 망정이지 만일 다른 데 같았으면 그런 순발력을 발휘할 수 없지 않았을까. 비둘기 부리를 빗대어 자기 이름을 설명해야겠다는 위대한 발견을 한 이 여자분, 튀밥을 먹고 있는 비둘기를 보면서 자못 심각한 목소리로 말했단다.

"제 이름이 너무 별나서…… 특히 이럴 때는 부모님이 원망스럽기까지 해요."

"도대체 이름이 뭔데 부모님까지 원망을 하고 그럽니까?"

"어휴, 그래도 제 경우는 워낙 별나요. 저 하늘을 나는 비둘기를 좀 보세요. 저 비둘기들이 종족 보존을 위해서 가장 필요한 게 뭐겠어요. 바로 그게 제 이름이에요. 그 앞에다가 성인 박씨만 붙이면 되구요."

그런데 문제는 그 다음 날인가 며칠 뒤인가, 그 도시의 시민회관에서 무슨 행사 때문에 마주쳤는데 남학생이 많은 사람들이 모여 있는 속에서 그만 박튀밥 씨! 박튀밥 씨! 하고 불러버린 것이었다. 그날 부리를 생각하며 이름을 전했는데 그 남학생은 그만 튀밥이 비둘기에게 가장 중요한 종족 보존 수단으로 착각, 그렇게 부르고 만 것이다.

자연히 온 사람의 시선이 이 여자분에게로 쏠리며 회관이 떠나가도록 웃어버린 것은 말할 것도 없고 여자분은 너무나 창피해 회관을 뛰쳐나왔다고 한다. 물론 그 후 그 남학생을 절대로 만나지 않았다고 했는데, 내가 생각할 땐 역시 종족 보존에는 '부리'보다 '튀밥'이 더 중요하지 않을까 싶은데, 글쎄!

웃음이 묻어나는 편지 여섯!

방송을 하다 보면 혹 마술이나 운동 묘기 같은 것을 보여줄 때 철없는 학생들이 따라하거나 흉내낼까봐 걱정이 되는 내용들이 있다. 왜 TV에서도 그런 위험한 것들을 방송할 때는 아래 자막으로, "어린이 여러분은 절대 따라하시면 안됩니다."하는 경고문을 내보내는 것을 보신 적이 있을 것이다.

라디오에서는 그런 경우는 드물지만 웃음이 묻어나는 편지에서 소개된 이 사연은 혹 어린이뿐 아니라 성인들도 따라할까봐 걱정이 됐던 사연이다. 한 남자 청취자가 평소 많은 사람들에게 웃음을 선사하는 데 대한 신세갚음으로 보낸다는 말을 하면서 보내준 편지였는데 정말 충분히 신세갚음이 됐던, 그런 편지였다고 생각한다.

이분은 청년이었던 시절에 역마살이 껴서 그런지 배움이란 책 속에 있는 게 아니고 세상 도처에 있다며 '주유천하'로 하루도 집에 붙어 있지 않고 전국 팔도를 떠돌아다녔다고 한다. 얼마나 집에 붙어 있지 않았으면 부모님이 도대체 언제 철이 들려고 그러냐,고 걱정이 아주 태산 같았다고 한다.

그래서 효도도 할 겸 집에서 모처럼 책 속의 진리도 찾아볼 겸 마음먹고 친구를 불러 머리를 빡빡 깎았다고 한다. 하지만 아무리 모자를 눌러 써도 나돌아다니고 싶은 자신의 역마살을 누를 길이 없어 마침내 면도기로 눈썹까지 싹 밀었다고 한다.

그런데 그 눈썹이란 게 붙어 있을 때는 별거 아니더니 밀고 나니까 그렇게 흉칙할 수가 없어 그야말로 방에서 한 발자국도 밖으로 나가지 못하는 모나리자 신세가 됐다고 한다.

드디어 소기의 목적을 달성한 이 청년! 방에서 나가고 싶어도 나갈 수가 없어 모처럼 책도 읽고 고요한 시간을 보내고 있는데 어느 날 동생들도 학교에 가고 어머니마저 외출하신다고 해서 밖에서 꼭 자물쇠로 문을 잠그고 가라고 부탁했다고 한다. 혹 자신의 역마살 끼가 또 발동할까봐 말이다.

그러고 나서 책보다, 노래하다, 체조하다 온갖 짓(?)들을 하면서 시간을 보내고 있었는데 갑자기 밖에서 달그락 달그락 하는 소리가 들리더라는 것이다. 갑자기 없는 머리칼과 눈썹이 곤두서면서 위기를 느낀 이 청년, 야구 방망이를 들고 들어오는 도둑을 내리칠 기세로 안방문 뒤에서 기회를 노리고 있었는데, 마침 덥다고 웃통도 홀랑 벗고 있었다나. 상상해 보라, 웃통을 벗고 선 남자가 머리도 눈썹도 없는 광경을.

드디어 검은 농구화를 신고 현관으로 들어서던 도둑. 거울에 비치는 이 청년의 모습을 보곤 잠시 침묵!

그렇게 한 5분이 흘렀을까, 도둑이 갑자기 돌아서서 냅다 밖으로 달아나더라는 거다. "도둑이야" 하면서 청년이 뒤쫓아가는데 사람들이 도둑 잡을 생각은 안 하고 오히려 자신을 구경하더란다.

당연했겠죠, 눈썹 없는 사람이 어디 흔한가요? 그러면서 그분은 편지 말미에 혹 그 후 그 도둑이 자기 같은 사람을 보고 나서 심장병에 걸려서 고생하지나 않았을까 걱정이 되더라는 것이다.

전국의 도둑 여러분! 빈집을 털 때는 혹 자기 같은 눈썹없는 모나리자가 빈집을 지키고 있는지 확인, 또 확인하시고 다시 한번 생각해 주십시오, 라고 당부 겸 부탁의 말도 잊지 않았다. 잘못해서 일평생 심장병에 걸려 고생하지 말고 웬만하면 포기하라고 말이다.

도둑이 되지 말라는 건지, 도둑의 건강을 염려하는 건지 모르겠지만 아무튼 편지를 다 읽고 나서 이분처럼 눈썹을 미는 그런 짓 흉내내지 말라고 당부, 또 당부의 말을 반복했었다. 왜? 눈썹을 밀면 어떤 모습이 될까 궁금해서 따라하는 분이 있을까봐서.

웃음이 묻어나는 편지 일곱!
나도 아이를 키우지만 도대체 몇 살까지 소아과를 갈 수 있는 건지 모르고 있다가 정확히 알게 된 사연이 하나 있다. 소아의 상한선은 열다섯 살이란다. 그래서 병이 나면 열다섯 살까지는 소아과를 가야 한다나. 아무튼 이분이 보내준 사연 때문에 소아과 이용 연령은 절대로 잊어먹지 않을 것 같다.

'우리 준영이 진영이도 열다섯 살까지는 소아과로 가야지.'

어떤 여자분이 자기는 영원한 '영계'라며 고등학교 때 병원에서 있었던 재미있는 사연을 보내온 것인데, 고등학교 2학년 열여덟 살때의 일이었단다. 감기가 걸려 의료보험증을 들고 동네 종합병원엘 가서 내과에 접수를 하는데 간호사가 보더니 소아과로 가라고 하더란다. 웬 소아과? 하는 생각이 들었지만 간호사가 가라니 가는 수밖에.

소아과 접수실로 가자 간호사가 눈을 들어 그런데 아기는 어디에? 하는 시선으로 자꾸 자기 뒤를 바라보는 것 같았지만 실상은 전혀 눈치를 못 채고 대기실 소파에 앉아 기다리고 있는데, "손태영 어린이! 몸무게 재세요."하는 간호사의 소리에 몸무게를 재려고 일어났단다(소아과는 꼭 몸무게를 재야 함).

아마 소아과를 가본 엄마들은 다 알테지만 소아과에는 바구니에 아기를 담아서 재는 아기 체중계와 올라서서 다는 체중계 등 두 가지가 있다. 그런데 공교롭게도 이 소아과에는 바구니 체중계밖에 없었다나. 할 수 없이 수많은 엄마들의 따가운 시선을 받으면서 신발을 벗고 바구니에 발을 넣고 체중을 쟀더란다.

그러더니 조금 있다가 "손태영 어린이 들어오세요." 하는 소리가 진료실에서 들려 들어갔더니 의사 선생님이 놀란 눈으로 자기를 바라보며 하시는 말씀이 "의사 생활 몇십 년에 이렇게 성숙한 소아는 처음 보는군." 하고 웃으면서 윗옷을 벗으라고 하시더라는 거다. 아기들을 데려가면 당연히 청진기로 진찰을 하기 위해 윗옷을 벗겨 앞뒤로 진찰을 하는 게 상례이니 그렇게 요구를 하실 수밖에.

저, 살림하는 여자예요

주사를 맞는데도 소아과 주사실은 커튼도 쳐 있지 않아 거기서 허연 엉덩이를 내놓고 주사를 맞아야 한다니, 아기들은 괜찮다 하지만 다 큰 처녀가 그것도 엉덩이를 내놓고 주사를 맞으니까 엄마들이 낄낄거리며 쳐다보더라나.

이 모든 과정을 끝내고 드디어 약을 타는데 약 주는 간호사는 한술 더 떠서 "손태영 아기! 약 나왔어요." 하더라는 것이다. 우째 이런 일이 있을 수 있는가 했더니 원래 소아의 연령 상한선이 열다섯 살까지인데 손태영 씨가 호적이 두 살 잘못된데다 생일이 늦어서 아직 만으로는 열다섯 살, 그러니까 의료보험증에 있는 주민등록 번호를 보고는 소아과로 가라고 한 것이라 한다.

아무튼 영 찝찝한 기분으로 돌아오면서 약봉다리를 들여다보니 그 안에 가루약 몇 봉지하고 빨간 딸기시럽이 들어 있는 것이 아닌가. 세상에 "내 나이에 딸기시럽 든 약 먹어본 사람 있으면 나와보라고 하세요." 하고 외치면서 영원한 '영계'임을 주장하시는 손태영 씨! 정말 영계 노릇 하느라 욕보셨어요.

웃음이 묻어나는 편지 여덟!

혹시 지금 이 편지를 읽고 계신 분 중에 팬티 안 입고 계신 분 있으면 먼저 팬티를 착용하고 나서 읽으시기를. 세상에, 나는 팬티 안 입고 다니는 분도 우리 사회에 있다는 걸 이 편지를 통해 처음 알았다. 이분 같은 일이 언제 어떻게 일어날지 모르니까 우리 모두 유비무환의 정신으로 팬티를 입고 다닙시다~요.

이분은 다리에 약간 장애가 있어 군대는 물론 예비군 소집에서도 면제를 받았다고 한다. 헌데 뭔가 동회에서 착오가 생겼는지 자기에게 예비군 소집 통지서가 집으로 배달돼 오더라나. 그래서 "이건 분명 착오다, 난 예비군 면제자다." 하고 몇 번이나 항의를 했지만 담당자가 자기는 모르겠으니 병원에 가서 진단서를 끊어오라고 하더란다.

그래서 병원엘 갔는데 의사 선생님이 간호사에게 저쪽 안쪽에 가서 이 환자 다리를 줄자로 재오라고 시키더라는 거다. 그래서 간호사를 따라 들어갔는데 간호사 왈 "줄자로 다리를 재야 하니까 바지를 벗으세요" 하는데 갑자기 하늘이 노래지더라나. 왜냐하면 당시 팬티를 안 입고 가죽 그 자체로만 버텼던 시절이었으니 하늘이 노래질 수밖에.

"저, 그냥 바지를 걷고, 그라고 재면 안 되겠습니꺼?"

"아유, 아저씨는 그렇게는 정확히 잴 수가 없단 말이에요."

"저, 그래도 어떻게······."

"빨리 벗으세요."

재촉하는 소리에 놀라 팬티를 안 입은 속사정을 말하기도 뭣하고 해서 간호사가 돌아서서 다른 일을 하는 사이에 얼른 바지를 벗은 다음 그 바지로 중요한 곳을 가리면······ 하는 생각이 번뜩 스치더란다. 그래서 간호사의 시선을 계속 주시하면서 바지를 벗고 얼른 그곳을 가리려는데 그만 간호사가 타이밍을 기막히게 맞춰 바로 그 순간에 뒤돌아보다가 그만 못 볼 것을 보게 된 것이다.

"으악! 선생님예, 선생님예."

숨을 헐떡이면서 쏜살같이 진찰실을 뛰쳐나간 간호원의 소리에 놀라 온 병원이 쑥대밭이 되고 난리가 난 것은 물론이고, 놀라서 "혹시 미친 사람 아니가?" 하는 의사의 물음에 "아니, 그런 것 같지는 않아예." 하면서 그 간호사가 자초지종을 설명하는데 정말 죽고만 싶은 심정이었다나. 의사는 자초지종을 듣고 나서는 "앞으로는 꼭 팬티를 입고 다니이소. 팬티는 위생상으로도 좋을 뿐 아니라 땀 흡수도 하므로." 하면서 일장 훈시를 했단다.

그런데 등 뒤로 의사 선생님의 강의를 들으면서 진찰실을 나오자, 이번에는 진단서를 발급하는 간호원들이 또 무슨 창경원 원숭이 구경하듯 킥킥거리며 "저, 그 진찰실에서 스트리킹한 그분 맞지예?" 하면서 웃고 난리가 아니었다는 거다.

천하의 망신을 당하고 얼굴이 벌개서 병원을 나온 뒤로 그 청년은 지금까지 반드시 팬티만은 꼭 입고 다닌단다. 혹 바지는 안 입더라도 팬티만은 말이다.

웃음이 묻어나는 편지 아홉!

우리 프로그램에 자기는 어떤 상품을 받고 싶다고, 또는 받게 해달라고 노골적으로 속을 보이시는(?) 귀여운 애청자들이 가끔 있다. 편지가 채택되면 상품으로 주는 것들이 침대, 밥통, 세탁기, TV 등 생활 필수품이 대부분인데 그 중에서 어느 상품을 지목했는지는 지금 기억나지 않지만 분명 어떤 상품을 지목하셨고, 그 상품을 정말로 안겨드릴 수 있었던 재미난 사연의 편지였다.

'꺾으며 살았다'는 내용이었는데 부산에 사는 한 주부가 보내준 그 '꺾기'인즉 바로 지금까지 자신의 호신술로 사용하고 있는 손가락 꺾기를 말하는 것이다. 우리도 어쩌다 손마디를 꺾으면 소리가 나는 경우가 있는데 이분은 정확히 꺾을 때마다, 그것도 요란한 소리를 내면서 꺾어졌던가 보다.

야간 고등학교 다닐때 버스를 타고 늦은 시간에 집으로 돌아가는데 어떤 아저씨가 자기 바로 옆자리에 앉더라나. 그런데 어랍쇼!…… 슬슬 손이 이 아주머니의 허벅지 있는 데를 어루만지는 것이 아닌가. 소리를 지를까 욕을 할까 궁리를 하다가 주위의 시선을 자신에게로 집중시켜 못된 버릇을 혼내주려고 손가락을 꺾었단다.

"똑!" 하는 소리가 너무나 크게 버스 안에 울려퍼지자 버스 안에 있던 사람들의 시선이 일제히 자기 자리로 쏠리고 그 아저씨는 움찔거리더란다. 그러나 그것도 잠시, 얼마 안 있자 그 아저씨 손이 또 슬슬 허벅지를 더듬고 이번에는 더 크게 "뚝!" 하고 손가락을 꺾었단다. 그러자 다시 일제히 버스 안 시선이 자기 자리로 집중, 그만 항복하고 말았는지 그 치한 아저씨는 부랴부랴 다음 정거장에서 내렸단다.

못된 치한을 퇴치한 이 위대한 손가락 꺾기는 그분이 야간 대학에 다닐 때도 또 한 번 그 위력을 발휘할 기회가 있었다는데……. 수업을 마치고 집에 돌아오는 시간이 워낙 늦은 데다가 집까지 들어오는 골목이 길었었던 모양이다. 게다가 동네 근처에 야간 고등학교가 있어 남학생들이 밤늦게 몰려다니며 담배를 피우는 등 상당히 위험 요소가 많았다고 한다.

그런데 어느 늦은 밤! 골목에서 어떤 불량한 남학생이 착하게 생긴 남학생에게 돈을 내놓으라며 괴롭히고 있는 것을 목격하게 되었다고 한다. 이미 회수권과 돈을 뺏긴 그 남학생을 보고는 그냥 지나칠 수가 없어 갑자기 아는 체를 하면서 "야! 이 회수권 니꺼 아냐? 근데 왜 이걸 쟤가 갖고 있냐?" 했단다. 난생 처음 보는 여자가 나타나자 당하고 있던 남학생도 의아한 눈길로 쳐다보는데 눈을 꿈뻑거리며 신호를 보냈다나. 가만히 있으라고.

그러면서 회수권과 돈을 그 불량한 남학생한테 뺏어서 당하고 있던 학생에게 건네주면서 "야, 빨리 집에 가봐." 하면서 태권도 하는 폼을 잡으며 손가락을 "뚝, 뚝, 뚜두둑!" 연속적으로 꺾었다나. 그 소리에 기세가 눌렸는지 불량한 남학생이 슬그머니 도망치더라는 것이다.

손가락 꺾기가 특징인 이 주부는 그 꺾기 실력으로 지금도 명절날 만두속 김치는 자기가 담당하는 어느 집안의 막내 며느리로 아들 딸 잘 낳고 잘살고 있다고 했다. 그분이 찍어보냈던 상품이 뭔지는 확실히 기억나지는 않지만, 만두속 김치를 짜는 자신을 자칭 '인간 탈수기'라고 했으니까 상품으로 세탁기를 노리지는 않았을 것 같다. 제 기억이 맞나요, 아주머니?

웃음이 묻어나는 편지 열!

작년부터 명예퇴직이니 정리해고제니 해서 샐러리맨들을 뒤숭숭하게 만들었던 사회의 전반적 현상으로 정말로 '황퇴자(황당하게 퇴직당한 사람)' 또는 '명퇴자(명예 퇴직당한 사람)'를 당한 가족들, 또는 혹시 그렇게 될까봐 전전긍긍했던, 웃을 수만은 없는 우리의 현실을 정말 너무나 재미있게 써주셔서 잠시나마 근심을 웃음으로 승화시킬 수 있었던 그런 편지였다고 기억한다.

하지만 이런 편지는 정말 앞으로 우리 프로그램 앞으로 배달돼 오는 그런 일이 없었으면, 그런 일이 없는 사회가 됐으면 하는 바람으로 이 사연을 소개해 본다.

밖에 나가서 돈 벌어오는 것보다 집에서 애들 잘 키우고 살림 잘하는 게 돈 버는 일이라고 입에 침이 마르게 얘기하면서 다니던 직장도 그만두게 하고 까다롭게 굴던 남편이 회사에서 명퇴를 당할 위기에 처하자 거꾸로 은근히 취업주부를 둔 회사 동료를 부러워하며 언제 명퇴를 당할지 몰라 전전긍긍하던 사연을 담고 있었다. 워낙 구구절절한 내용인데다 장문의 사연인지라 정확히 기억나지는 않지만 한 번 생각나는 대로 적어보겠다.

조그만 회사의 차장으로 근무하는 남편이 최근 동료들의 잇단 명퇴로 인해 자기도 언제 명퇴를 당할지 몰라 절대 자기 책상을 지키겠다는 각오하에 아침 일찍 회사에 출근해서 안 하던 야근까지 하며 밤늦게까지 책상에 앉아 있다 들어온다는 것이다. 낮에 거래처에 갈 일이 생겨도 그 사이에 혹시 자기 책상을 치울까봐 나가지도 못하고 할 수 없이 나갔다가도 몇 번이나 자기가 몇 시에 도착한다는 것을 직원들에게 알리는 등 온갖 작전을 다 구사하고 있다고 했다.

게다가 여름이면 시원한 바닷가에서, 겨울에는 눈 덮인 별장에서 페치카에 장작을 때주며 그렇게 멋있게 일생을 보내게 해주겠다고 연애 시절 얘기하던 남편이 이제는 그 장작불로 고구마를 굽게 될지도 모를 신세로 전락할지도 모르니 대비를 단단히 하라고 이르는 것이 아닌가.

어디 그뿐인가? "언제나 내만 믿거래이." 하면서 가슴을 팡팡 치던 남편이 이제는 "내는 당신만 믿는대이." 하면서 기대오는데 미치고 팔짝 뛸 노릇이라는 거다. 아이들 낳고 나서 다니던 직장을 그만두게 할 때는 언제고 이제는 은근히 자기의 무능을 탓하며 돈을 벌었으면 하는 속을 내보이더라나.

그런 남편이 밉기보다는 웬지 안돼 보여 평소보다 열 배는 더 신경쓰고 있다는 사연을 보내주셨는데 세상의 남편들이여! 이런 아내의 깊은 마음을 아시는지.

수다로 풉시다

'수다로 풉시다'가 진행되는 매주 토요일에는 방송 시작 전에 그날의 수다떨 주제를 우리들이 정한다.

"자, 오늘은 토요일! 혼기를 앞둔 처녀 총각들 중에 맞선본 분들 많으시죠. 오늘이 나는 맞선 100번째다, 또는 선을 통해 결혼에 골인하신 성공담도 좋구요, 실패담도 물론 환영합니다. 아무튼 맞선에 얽힌 얘기를 갖고 계신 분들은 저희에게 전화주십시오."

그날그날 주제를 정해 놓고 전화 사연을 받는데 많은 분들이 처음에는 쑥스러워하면서 전화를 하지만 우리 DJ의 농간이라고나 할까, 이야기를 주고받다 보면 가슴 속에 묻어뒀던 깊은 얘기까지 꺼내서 오히려 우리가 당황하는 해프닝이 벌어질 때가 있다.

한번은 '첫 키스'에 대한 사연으로 수다를 풀 때였다. 지방에 사는 한 주부가 남편과 첫키스를 하던 젊은 날의 추억을 얘기하다가 그만 우리 농간에 걸리고 말았다.

이종환 선생님 특유의 짖궂은 농담과 유도 질문에 그 아줌마는 자신도 모르게 이야기 속으로 빨려들기 시작했다.

"그이하고 같이 저수지가 있는 방죽 위로 갔는데요."

"그래서, 아니 방죽에서 어떻게 뭐요?"

"저 그게, 그러니까 거기서 히힛."

"그러니까 거기서 키스를 했다 이거죠? 솔직히 말해 봐요. 딴 일도 있었죠?"

"아니, 키스만 했어요."

"그럼, 그때 느낌이 어땠습니까?"

"느낌이고 뭐고 하도 정신이 없어서, 너무 세게 빠는 바람에 그만 멍이 들었어요."

"아니 멍이 들다니, 어디가요?"

"저, 거기가."

"아니 거기라니? 거기가 어딥니까?"

"저……."

말하는 기세로 보아 뭐든지 실토하고 말 것 같은 상황이다. 이쯤되면 이번에는 우리가 방송윤리위원회의 경고를 받을까봐 거꾸로 아줌마의 입을 막아야 할 차례가 된다.

'수다로 풉시다'는 정말 재미있고 아슬아슬한 곡예를 하는 기분으로 청취자들과 수다를 떠는 날이다.

모창 노래방

세상에 우리 나라에 웬 나훈아, 남진, 최희준, 이미자 등등 내 노라 하는 명가수가 하나둘이 아닌지 방송을 할 때마다 놀랠 노자가 된다. 노래방 보급으로 아무리 '전 국민의 가수화'가 이루어졌다고는 하지만 그래도 이건 좀 너무하다 싶게 진짜 가수를 뺨치는 사람들이 많다.

모창으로 유명한 연예인 중에 최병서 씨, 오재미 씨의 연기는 그야말로 일품이다. 최병서 씨는 옛날 조용필 씨가 한참 유명할 때 '조용필 노래 흉내내기 대회'에서 진짜 조용필 씨를 제치고 1등을 했었던, 채플린 흉내내기 대회에서 진짜 채플린이 3등을 했다는 그 신화를 국내에서 재창조한 사람이라고나 할까, 아무튼 알아주지 않을 수 없는 실력자이다.

하지만 최병서 씨나 오재미 씨는 연기인이니까 그럴 수 있다 치고 도대체 가정에 있는 주부는 물론 할머니, 아저씨들까지 모창 실력을 수준급으로 갖추고 있는 데는 절로 고개가 숙여질 정도이다.

참가하는 분들의 형태도 가지가지이다. 단독으로 참가해서 자신의 실력을 뽐내는 분들도 있지만 시어머니와 며느리가 함께 부르는 은방울 자매가 아닌 금방울 고부의 '마포종점', 자매가 함께 참가해서 부르는 시스터즈 앙상블 등 모창 노래방이 있는 수요일은 우리 나라의 유명한 가수들을 몽창 다 만날 수 있는 즐거운 날이다.

사연이 있는 노래

이 노래 하면 생각나는 그 사람, 그 사람 하면 생각나는 이 노래!

이 코너는 지난날 젊은 시절에 애틋하게 남아 있는 사람을 떠올릴 수 있는 추억의 시간으로 이제는 아이를 둔 주부들은 물론 생각지도 않았던 아저씨들도 첫사랑의 여인들을 떠올리면서 용감하게 신청을 해오는 말 그대로 '사연이 있는' 시간이다.

이 코너를 진행하면서 이거 가정불화 나는 거 아냐? 하면서 은근히 마음을 졸이기도 하는데, 거꾸로 당사자들은 이종환 선생님의 언변에 살짝 넘어가 털어놓지 않아도 될 사연까지 털어놓으며 즐거워하고 애틋해한다. 하긴 이제 아줌마 아저씨가 돼서 더 이상 풋풋한 시절로 돌아갈 수는 없고, 노래 한 번 감상에 푹 젖어서 들을 수 없는 신세가 된 이 땅의 아줌마 아저씨들이 마음만이라도 옛날로 돌아가 청춘의 낭만을 즐길 수 있는 시간이 바로 이 '사연이 있는 노래' 시간이니까 말이다.

하지만 나는 솔직히 이 코너가 그렇게 가슴 깊이 다가오지는 않는다. 남편 맹씨가 내게는 첫사랑이고 기껏 노래를 들어봤자 생각나는 얼굴도 남편 이외에는 떠오르는 사람이 없기 때문이다.

그래서인지 역시 나이가 있어야 하고 추억이 많은 분들이 이 코너를 좋아하는 것 같다. 또한 역시 젊은날 사연이 많으신(잘 못 안 걸까?), 이종환 선생님이 제일 좋아하시는 코너이기도 하다.

대부분 순진해서서 그런지 노래를 신청한다고 전화 연결을 해놓고 남편이나 아내가 알면 어떡하냐고 우리들이 지레 걱정이 되서 물어보면 다 안다, 아니면 알아도 할 수 없다, 는 반응을 보이면서 대부분 옛 연인들을 추억하는 시간인 것 같다.

'사연이 있는 노래'를 진행하면서 정말 잊지 못할 사연이 하나 있다. 노래는 은희 씨의 〈꽃반지 끼고〉였는지 정훈희 씨의 〈꽃밭에서〉였는지 정확히 기억나지는 않는다. 하지만 그 사연은 너무나 애절하다 못해 가슴이 아려오는 그런 아픔을 느꼈었던, 정말 가슴 아픈 사연이 담긴 노래였다.

사연의 주인공은 한 아저씨였는데 그분이 20대 초반에 어느 공장에 다닐 때였다고 한다. 당시 같은 공장에서 근무하는 여직원을 참 좋아했는데 그 여직원도 아저씨를 싫어한 것은 아니지만 그 아저씨만큼은 안 좋아했었던 모양이다.

어느 날! 그 아저씨가 프로포즈를 했지만 그 여자분은 별로 좋지 않은 아저씨의 현재 처지를 이유로 대면서 만나기를 거절했다고 한다. 변변한 학교도 졸업하지 못하고 공장에 다니는 처지니 그 여자는 비전이 없다고 생각했던 것 같다.

하지만 그 아저씨는 그 거절의 이유에 물러나지 않고 내가 지금은 이런 모습이지만 더 훌륭한, 나아진 모습이 되면 만나줄 거냐고 얘기를 했고 그 여자는 그렇게 하마고 약속을 했단다.

그래서 그날부터 그 아저씨는 앞으로 성공하는 데까지 걸리는 기간을 한 5년 정도로 잡고 그때 가서 만나기로 약속했는데,

그 해가 바로 88년 서울 올림픽이 열리는 해였다고 한다. 88 올림픽이 열리는 그 해 모월 모일 모시 모처에서 만나기로 약속을 하고 그 아저씨는 그날부터 오로지 그 약속을 지키기 위해 야간학교도 다니고 일도 최선을 다해 하며 정말로 열심히 살았다고 한다.

그리고 이제는 그 여자가 더 이상 자기를 거절할 이유가 없을 정도로 해놓았다고 생각한 아저씨는 88년 모월 모일 모시가 돼서 기쁜 마음으로 그 장소에 나가 하루 종일 기다렸단다. 그랬는데 세상에, 아무리 기다려도 그 여자분이 나타나지 않는 것이란다. 깊은 밤까지 약속 장소를 떠나지 못했던 그 아저씨!

"하지만 아저씨도 이제는 결혼하셨죠?"

당연히 포기하고 결혼을 했을 줄 알고 우리가 질문을 하자 뜻밖에도 아저씨 대답인즉 아직도 그 여자를 잊지 못해 결혼을 하지 않고 독신으로 지낸다는 거였다. 그 순간, 나는 갑자기 뭔가가 가슴을 할퀴는 것 같은 그런 기분이었다. 뭐라고 할 말이 없었다.

"어떡하죠? 아저씨는 정말로 진지하게 약속을 하신 거지만 그 여자분은 설마 그 약속을 기억할까, 하는 마음으로 안 나오셨을지도 모르잖아요?"

"……"

"만일 그 여자분이 지금 어디선가 혹시 이 방송을 들으시면서 놀랠 수도 있고, 하지만 이제는 결혼을 했기 때문에 아저씨에게 연락을 하고 싶어도 못 할 수도 있을 거예요."

"……"

우리들이 무슨 말을 한들 그 아저씨에게 위로가 되랴. 그때부터 전화를 걸어왔던 아저씨는 내내 침묵을 지켰고 할 수 없이 우리는 음악으로 마무리를 할 수밖에 없었다.

아직도 그 아저씨 마음이 88년 그 여자분을 만나기로 약속했던 그 장소를 못 떠나고 있듯이 작든 크든 이런 추억들을 공유한 분들이 엮어주는 시간!

'사연이 있는 노래'는 한 10년 내지 20년씩 세월의 시간을 돌려볼 수 있고, 모처럼 추억에 젖으며 차 한 잔 할 수 있는 그런 행복한 시간이기도 하지만 때로는 이토록 가슴 저미는 그리움에 젖어드는 시간이기도 하다. 그래서 특히 이 코너를 이종환 선생님이 좋아하시는 건 아닐까, 후후후.

마이크를 빌려드립니다

서민들의 힘있는 목소리를 들어보고 우리 모두가 조금이라도 나은 세상을 만들어 보자는 마음에서 시작해 본 코너이다.

우리는 지금 버스 요금을 준비해서 타야 하고 혹 잔돈이 없어서 큰돈을 내게 될 경우 절대 거스름돈을 받을 수 없게 되어 있다. 바로 이 점의 불합리성을 토로해 온 분의 이야기인즉슨 도대체 왜 거스름돈을 안 주는 거냐, 그건 버스업자의 횡포라고 생각한다는 거다. 세상을 살다 보면 잔돈을 준비한다고 하는 데도 갑작스럽게 잔돈이 없어서 버스를 타고난 뒤 황당할 때가 있다는 것이다.

그 말에는 나도 동감한다. 나야 지금은 자동차로 다니니까 거의 버스 탈 일이 없지만 과거에 나도 그런 경험이 있었다. 지갑에 잔돈이 있는지 없는지 생각할 틈도 없이 늦지 않으려고 달려오는 좌석버스를 탔는데 요금을 내려고 보니 잔돈은 어디 가고 턱하니 만 원짜리밖에 없는 것이 아닌가. 할 수 없이 모기만한 소리로 "아저씨 어떡하죠?" 하면서 기사 아저씨의 눈치만 보며 처분을 기다렸다. 다행히 그 기사 아저씨는 나에게 어디까지 가냐고 물은 뒤 앞좌석에 앉혀놓고는 그 다음부터 승차하는 승객들에게 일일이 손수 요금을 받은 다음 거의 내릴 때가 다 되어서 거스름돈을 맞춰 주셨다.

하지만 아마 그렇게 하는 기사분이 별로 없고 잔돈에 대해서 그냥 모른 척 지나가는 것이 일반화되어 있나보다. 그 아저씨는 바로 그 점이 불합리하다고 개선해야 하지 않겠냐는 주장을 해 오셨는데 나도 정말 그 말이 맞다고 생각한다.

이런 자기 편의주의가 어디 있냐고, 요금이 4백원인데 만약 자기에게 3백원만 있다, 그러면 당연히 자기를 승차시키지 않을 것 아니냐? 만일 내가 돈이 없거나 모자라도 승차를 시켜준다면, 그렇다면 나도 평소 잔돈 안 받고 지나가더라도 기쁘게 감수할 수 있다. 하지만 절대 그렇지 않은 것 아니냐. 내가 평소 큰돈을 내고 거스름돈을 받지 못한 액수에 비하면 그 돈은 사실 아무것도 아닌데, 하면서 열변을 토하시는 것이었다.

정말 나 역시 전적으로 동감하는 바이다. 물론 기사 아저씨가 돈에 대해 신경쓰지 않도록 토큰이나 버스 카드로 계산들을 하고 있긴 하지만 미처 잔돈을 준비하지 못하고 탄 승객들에게 어떤 배려가 있어야 한다고 생각한다. 그게 바로 세상 사는 바른 모습일텐데 말이다.

또 하나는 어느 알뜰주부가 호소해 온 내용인데, 주부로서 늘 고기를 사는 나로서도 좀 이해하기가 힘들었던 부분이다.

축협에 가서 갈비를 샀는데 필요한 만큼 주문을 한 다음 갈비를 저울에 달고 나서 기계로 잘랐단다. 그런데 기계로 자르고 나서 싸서 주려고 하는데 보니까 고기가 좀 적은 것 같더라나.

약간 이상하다고 생각해 자른 갈비를 다시 한 번 저울에 달아 봐달라고 부탁을 했단다. 그런데 저울에 달자 웬걸, 고기가 너무 많이 줄어 있었다는 것이다.

정확히 기억할 수는 없는데 조금 빠지는 게 아니라 프로를 진행하는 우리도 납득하기 어렵게 굉장히 많이 빠지는 숫자였다고 기억된다. 예를 들어 그 갈비가 1킬로그램이었다면 한 5백그램 이상 빠진다고 했으니까, 아무리 써는 과정에서 무슨 문제가 있다 해도 그렇게까지 빠질 수야 없는 것 아닐까. 당연히 그 주부는 문제를 삼았고, 그것도 다른 데도 아닌 축협을 어떻게 믿고 고기를 사겠냐는 거였다.

옳은 말이다. 나만 해도 그렇다면 속는 것 같아서 어떻게 마음놓고 고기를 살 것인가. 어느 주부가 고기를 저울만 믿고 살 수 있을까. 그건 같은 주부로서 정말 납득하기 힘든 내용이었다.

물론 다음 날 축협측에서 해명성 전화 연결을 했었는데, 축협의 이야기인즉슨 기계 중에 국산과 외제가 있는데 특히 국산 기계로 썰면 톱밥처럼 빠져나가는 양이 엄청나다는 것이다.

글쎄, 아무리 그렇다고 해도 그렇게 많은 양이 톱밥으로 빠져

나간다면 문제가 있는 것 아닐까.

　동사무소 같은 관공서의 불친절이나 행정의 불편함 같은 것을 호소해 오는 경우는 너무나 많아서 일일이 헤아릴 수가 없을 정도이다. 문민정부가 됐는데도 이 정도면, 하면서 걱정을 하는 얘기가 많다.

　한 주부가 아주 간단한 서류를 떼러 동사무소에 갔는데 직원이 다른 것도 아닌 잡지책을 보면서 한 번 쳐다보지도 않고, 무슨 일 때문에 왔는지 물어보지도 않고 무조건 기다리라는 말만 하더라는 것이다.

　소파에 앉아서 이제나저제나하고 기다리고 있는데 한 30분 이상이 지나도록 잡지만 들여다보면서 일을 처리할 생각은 하지도 않는데 도대체 이런 데가 어디 있냐는 거다. 그나마 나중에 항의를 해서 서류를 마지못해 떼주기로 하곤, 그 간단한 서류 하나 발급하는데 이리 가라 저리 가라 완전히 똥개 훈련 시키는 게 아니고 무어냐고 울분을 토로했다.

　얼마나 화가 났으면 우리 프로그램에 전화를 했을까 싶어서 그분에게 동정이 갔다. 문민정부가 되고도 달라지지 않는 관공서의 서비스를 어떻게 해야 고칠 수 있는 것일까. 그런 면에서 우리 프로그램이 조금이라도 도움이 된다면 나는 더 크게 목소리를 높여 방송하고 싶다. 전국 방방곡곡에 말이다.

　나는 가끔 아이들 주려고 과자를 사기는 하지만 웬만해서는 절대 외제 과자는 사지 않는 편이다. 외제 과자가 아무리 맛있다 해도 그렇다. 외국에서 만든 다음 배로 오는지 비행기로 오는지는 모르지만 그 과자들이 물을 건너 우리 나라에 오는 시간이 절대로 짧지만은 않을 것이다. 거기에다 우리 나라에 들어와서도 유통업자에 의해 분명히 지체되는 시간이 있을 거고. 아무튼 그런 계산을 하다 보면 방부제에 대해서 알레르기 반응을 갖고 있는 나는 절대 외제 과자를 우리 아이들에게 먹일 수가 없다.

어느 날 나와 비슷한 생각으로 절대 외제 과자를 사지 않는다는 주부가 '마이크를 빌려드립니다'에 전화를 해왔다. 아이들에게 줄 과자를 우리 나라 과자인 줄 알고 샀는데 집에 와서 자세히 살펴보니 상표 뒤에 'MADE IN USA'라고 되어 있더란다. 분명 우리 나라 과자 회사 이름이 적혀 있고, 포장으로 보아 그 과자가 외제 과자라는 건 상상도 못했다는 거다. 외제 과자인 줄 알았다면 절대 사지 않았을 것임은 물론이고 말이다.

그러면서 수입 과자를 팔면서 그 제품이 외제라는 걸 누구라도 알 수 있게 표기해 주지 않는 유통업자를 원망했고, 또 유통 기한도 겉에 찍힌 날짜로 보아 지난 것은 아니지만 솔직히 유통 기한을 다시 표기해 놓았을지도 모르는 불안한 외제 과자를 왜 혼동을 해서 사게 만들었냐면서 다시 한 번 과자 수입 회사에게 정확한 표기를 해줄 것을 요구해 왔다.

이처럼 우리가 살아가는 데에 있어서 무심코 지나쳐버릴 수도 있는 아주 작은 생활 속의 불편함, 억울함을 〈지금은 라디오 시대〉의 문을 두드려 신문고처럼 세상에 울려퍼지게 만드는 코너가 바로 '마이크를 빌려드립니다'이다.

여러분, 이 코너에 이런 애기들을 많이많이 들려주셔서 조금이라도 더 나은 세상을 함께 만들어 보자구요. 그래서 우리의 마이크를 언제까지나 여러분이 단지 빌리는 것이 아니라 가질

지금은 라디오 시대, 아니 최유라 시대

수도 있다는 것을 알려드립니다.

빛바랜 편지

누구나 연애 시절에는 시인이 된다. 누구의 말인지는 기억나지 않지만 분명 사랑하는 대상이 있을 때는 이 세상에 자신의 사랑을 표현할 언어가 부족하다 싶을 정도로 누구나 시인이 되는 것 같다.

아마 살아가면서 유일하게 편지를 써본 기억 중 젊은날 서로가 서로를 좋아할 때 넘치는 사랑을 주체하지 못해, 또는 수줍어서 말로는 고백할 수 없어 밤새도록 붓방아를 찧던 기억을 웬만한 분들이라면 누구나 갖고 있을 것이다.

'빛바랜 편지'는 바로 지난날 누구나 시인이었던 바로 그 시절에 썼던, 지금은 어느 책갈피 속에 또는 앨범 속에 고이 들어 있는 편지를 다시 한 번 읽으면서 사랑했던 시절을 반추해 보는 그런 시간이다.

대개는 현재의 남편이나 아내와 연애하던 시절에 주고받았던 내용들을 공개하는 편지가 많은데, 어느 날은 편지를 다 읽고 나서 그 편지를 보낸 여자분과 통화를 하는데 이상하게 대답이 없는 것이다.

"여보세요. 편지 잘 들으셨죠? 그때 남편을 얼마나 좋아했으면 이런 편지를 다 쓰셨어요?"

"......"

"왜요? 추억에 잠겨서 말도 안 나오시나 보죠?"
"……."
"아니, 그런데 이 전화 연결되고 있는 거 맞습니까?"
"……네에."
"그런데 왜 아무 말씀이 없으세요. 편지 보내신 것 맞아요?"
"사실은, 저……, 어제 부부 싸움을 했거든요."
푸하하하. 편지를 보낼 때까지만 해도 그런 애틋했던 옛날을 떠올려보고 남편에게 다시 한 번 그 사연을 들려주기 위해서 과거의 편지를 보냈는데 각본에도 없는 부부 싸움을 했고, 부부 싸움을 한 지 얼마 안된 상태라 분명 남편을 사랑이 아닌 원수로 생각하며 칼을 갈고 있을 그 시간에 사랑 어쩌구 하는 편지가 들려오니 아무리 우리가 질문을 해도 아무 말 못하고 가만 있을 수밖에.
"아유, 그런 줄도 모르고. 하지만 사랑이 없으면 싸움이 되겠어요?"
"……."
"옛날에 남편을 이렇게 사랑했던 그런 시절을 떠올리면서 앞으론 절대 싸우지 마세요."
"……."
"어때요, 이제 화 풀리셨죠. 부부 싸움은 칼로 물베기라잖아요?"
"네."
비록 대답하는 목소리는 작았지만 분명 그날 저녁 그 부부는 화해하고 더욱더 사랑하며 살자는 다짐을 했을 것이 분명하다.

지금은 라디오 시대, 아니 최유라 시대

'빛바랜 편지'는 바로 청취자들에게 사랑을 다시 일깨워주고 부부가 화합하게 만드는 그런 감초 역할까지도 하는 빛바랜 편지가 아니라 빛나는 편지 시간이다.

사랑의 손길을 기다립니다

깔깔거리는 웃음소리가 하루에도 수십 번씩 터져나오는 우리 프로그램에서 유일하게 눈물바다가 되는 시간이 바로 '사랑의 손길을 기다립니다' 시간이다.

이 시간은 제목처럼 어려운 처지에 놓인 이웃들에게 조금이나마 사랑의 손길을 나누어주고자, 또 도움을 주고자 하는 청취자들에게는 따뜻한 마음을 전할 수 있는 기회를 제공한다는 그런 취지에서 비롯된 코너이다.

나는 정말 이 코너를 진행하면서 사연 딱한 사람들 때문에도 많이 울지만 어려운 처지에 놓인 사람을 외면하지 않는, 아직도 따뜻한 마음을 갖고 있는 우리 사회의 좋은 이웃들 때문에 가슴이 뜨거워져 울 때가 더 많다.

입고 갈 옷 한 벌만 있었으면 좋겠다는 어느 소년가장의 육성이 나가자 다음 날 잠바를 주겠다, 티셔츠를 보내겠다 하면서 전화를 주시는 분들의 마음도 고맙고, 치매 노인들을 돌봐주는 행주산성 근처에 사는 어느 부부가 운영하는 '희망의 집'에 쌀이 없어서 걱정이라는 방송이 나간 다음 날이면 그 집 앞에 쌀가마니가 놓이는, 그런 마음을 나누어주는 이웃들에게 어떻게 감사의 눈물을 흘리지 않겠는가.

한 주일만 지나면 통장 4권이 넘게 들어오는 '사랑의 성금' 그 액수에도 놀라지만, 이렇게 많은 분들이 사랑의 마음을 보내 준다는 데서 나는 매번 놀라고 또 감사하지 않을 수 없다. 그래 서 방송에서도 그런 얘기를 한 적이 있지만 나는 이런 분들에게 큰 절이라도 올리고 싶고 어떤 식으로든 감사하다는 내 마음이 전달됐으면 하는 바람이다.

요즘 세상이 아무리 삭막하다지만 나는 '사랑의 손길을 기다 립니다'로 보내주시는 따뜻한 마음이 이렇게 많다는 데에 놀라 면서, 아무리 그래도 우리 사회가 아직은 살 만한 세상이라는 생각을 해보게 된다. 그래서 행복감을 가슴 가득 안아보게 되는 그런 시간이기도 하다. 다시 한 번 정말 이 기회를 통해 성원을 보내주시는 청취자 여러분들에게 감사하다는 말을 전하고 싶다.

골수암을 앓고 있는 종옥이!

우리 준영이보다 한 살쯤 어린 종옥이는 그 어린 나이에 더 이상 암세포가 번지지 않게 하기 위해서 할 수 없이 다리를 절 단하는 수술을 했다고 한다. 어린 종옥이를 간호하는 부모의 심 정, 그 어린 것이 하루에도 열이 40도를 오르락내리락 하며 사 경을 헤매지만 그렇게 아픈 종옥이의 아픔을 덜어줄 수 없이 바 라만 보고 있어야 하는 부모의 가슴은 얼마나 찢어질까?

그 사실만 해도 듣고 있는 우리들 가슴이 미어지는데 어린 종 옥이가 수술한 다음 날 너무나 밝은 목소리로 '엄마! 내 다리 어 디 갔어?' 하고 묻는 소리는 기어코 스튜디오를 울음바다로 만들고 말았다. 자기의 처지가 어떤지, 다리가 잘린다는 게 어떤지도 모르고 열이 가라앉을 때는 '뽀뽀뽀' 같은 동요를 부르면서 즐겁게 놀고 있는 천진하기만 한 아이 종옥이!

종옥이가 다른 아이들처럼 다시 건강을 찾을 수는 없을까. 그래서 유치원에도 가고 비록 다리는 하나 없어졌지만 앞으로는 건강하게 살게 됐으면 좋겠다는 뜻에서 우리는 종옥이의 수술비로 청취자들이 보내주신 성금 4천만원을 전달했다.

너무나 뜻밖의 선물을 받게 된 종옥이 아빠는 감사의 뜻으로 우리 프로그램에 편지를 보내왔는데, 아픈 아이를 둔 부모의 심정을 담고 있는 절절한 그 사연이 너무나 슬펐다. 게다가 우리 종옥이를 살리는 데 힘을 주신 여러분들의 그런 은혜에 보답하기 위해서라도 꼭 종옥이를 살리고, 그리고 열심히 살겠다는 인사 겸 굳은 다짐이 실려 있었다.

구구절절 진실이 담긴 그 편지를 읽는 동안 나는 감정을 주체할 수가 없어 거의 징징 울면서 편지를 읽어내렸다. 아니 나만 그런 것이 아니라 그 방송을 듣는 청취자들 또한 눈물을 흘리며 들었다고 한다. 방송이 끝나고나자 전국에서 빗발치는 전화가 왔었으니까 말이다.

또 하나 기억에 남는 '사랑의 손길'은 세 쌍둥이를 둔 어느 젊은 부부의 이야기이다. 이분들은 이종환 선생님과 내가 직접 병원에 가서 성금을 전달한지라 환자의 상태까지 목격하고 왔기 때문에 더욱 가슴 아프게 느껴지는 그런 사연이다.

결혼한 지 얼마 되지 않은 젊은 부부인데 남편은 정비공장에서 일하는 분으로 아주 예쁜 아기를 한꺼번에 세 쌍둥이나 낳은 기쁨을 누렸다. 그런데 아기들이 6개월 정도 됐을까, 아직 돌도 되기 전에 남편이 다니던 정비공장에 불이 나는 바람에 그것을 끄려다가 그만 화상을 입은 것이다.

직접 보니까 손이 타다 못해 완전히 으스러져 버렸는데 손에만 화상을 입은 게 아니라 머리, 가슴, 눈만 빼고는 전신에 화상을 입어 앞으로 도저히 일을 해서 먹고 살기가 막막해져 버린 상태였다.

우리가 1천 7백만원을 성금으로 전달하니까 그 돈의 액수에 너무나 놀라면서, 자기네로서는 상상도 하기 힘든 큰 돈이라고 울먹이면서 아기 엄마가 이야기를 하는데 같이 애기를 기르는 입장의 나로서는 정말 눈물이 절로 흐르는 상황이었다.

남편을 간호해야 하니 아직 6개월도 안된 어린 것들을 이모네로 하나, 엄마네로 하나, 시어머니에게 하나 이렇게 떼어놓고, 너무나 아기들이 보고 싶은데 마음대로 보지도 못하고, 그러다 보니 어쩌다 아이들이 한 번 병실엘 와도 엄마인지 잘 모르니까 눈만 동그랗게 뜨고 멀뚱멀뚱 쳐다보는데 그 상황이 너무나 가슴이 아프다는 것이다.

이제 막 아이를 낳아서 한참 물고 빨고 할 시기에 제대로 한 번 안아주지도 못하는 그 엄마 아빠의 심정이 어떨 것인가. 돌아서 오는 우리의 발걸음은 너무나 무거웠다.

그래서 방송으로나마 이런 분들에게 희망을 줄 수 있다는 마음으로 새삼 '사랑의 손길을 기다립니다'에 성원을 보내주시는 청취자 여러분들에게 다시 한 번 마음속으로나마 고개숙여 감사하다는 말을 더욱 전하고 싶다.

지금은 라디오 시대, 아니 최유라 시대

셋

행복이 가득한 부엌!

또순이 집안의 내력

 우리 엄마의 고향은 함경남도 덕원(德源)이다.
대개 이북 사람들 하면 생활력이 강하다고 얘기하지만 그 중에서도 특히 함경도 사람들은 남녀 모두 말할 수 없이 억척스런 기질을 갖고 있다고 알려져 있다.

우리 엄마는 내가 볼 때 함경도 억척 또순이 중에서도 아주 윗길에 속하는, 말하자면 억억척 또순이인 것 같다.

어린 시절 명절이 돌아오거나 무슨 날이 돌아오면 나와 내 동생은 꼼짝없이 붙들려 앉아서 고사리 같은 손으로 하루 종일 몇 백 개씩 만두를 빚거나 녹두 부침이를 해야만 했다.

지금은 성장을 해서 그렇지는 않지만, 초등학생밖에 안된 어린 우리들에게 하도 일을 혹독하게 시켜서 나와 동생은 엄마가 계모가 아닐까 하는 얘기를 은근히 주고받을 정도였으니까 말이다. 그러면서 우리는 이담에 엄마가 되면 딸들에게 엄마처럼 일을 많이 시키지 말자고 다짐에 또 다짐을 했었다.

우리 엄마는 하다못해 부침이 하나를 부쳐도 정식으로 고명(음식의 겉모양을 꾸미기 위해 음식 위에 뿌리는 것) 다 얹고 동그란 모양이 흐트러지지 않게 제대로 부쳐내지 못하면 마구 야단을 쳤고, 만두도 예쁘게 정성껏 빚지 않으면 '그렇게 하려면 시작도 말라'며 툭 하면 핀잔을 주기 일쑤였으니까 말이다.

그리고 지금 생각해 보면 식구도 네 식구밖에 안되는데 웬 만두랑 부침이는 그렇게 몇백 개씩 몇백 장씩 만들었는지 이해가 안간다.

하지만 어릴 때부터 그런 훈련 속에서 자란 우리 자매에게 집안일은 음식부터 빨래, 청소에 이르기까지 어느 것 하나 소홀하지 않고 배우게 된 계기가 되었음은 말할 것도 없다.

그 중에서도 엄마는 음식만큼은 절대로 남에게 맡기지 않고 손수 해내야 한다는 것을 늘 강조하셨다(남에게 맡기지 말라면서 우리 자매에게는 악착같이(?) 맡기셨다). 집안에 커다란 행사가 있어서 음식을 장만할려고 일하는 사람을 불러도 설거지 외에는 절대로 음식을 못 만지게 하던 엄마였으니까 말이다.

나중에 들은 얘기지만 나와 결혼을 한 우리 신랑은 내가 자기에게 밥이나 제대로 끓여줄 수 있을지 은근히 걱정을 했다고 한다. 내가 함경도 억척 또순이 딸인 줄은 모르고 그저 연예인으로만 보아왔으니 당연히 손에 물 한 번 안 묻혀보고 컸으리라고 생각했다는 것이다.

신랑과 결혼을 할 때만 해도 나는 영화배우라는 타이틀에

저, 살림하는 여자예요

〈뽀뽀뽀〉에서 뽀미 언니로 활동중이라 더더욱 살림 잘할 것 같은 모습과는 거리가 먼 터였으므로 그렇게 생각하는 것도 결코 무리는 아니었을 것이다.

하지만 결혼하자마자 아침부터 한 상씩 떡 벌어지게 차려주는 식탁에 놀라서 오히려 대충 해먹지 왜 이렇게 힘들게 상을 차리느냐고 걱정을 하면서 말릴 정도였다.

나는 지금도 마찬가지지만 절대로 신랑이나 아이들에게 찬밥을 먹이지 않는다. 밥도 그때그때 돌솥에 갓 지은 밥에 된장찌개 보글보글 끓여서 콩나물 금방 무치고 최소한 4~5가지 반찬을 만들어 올리니 신랑 눈이 휘둥그레질 수밖에.

아무튼 그때부터 지금까지 나는 그렇게 살고 있다.

연예인이기 때문에 분명히 집안 살림은 소홀히 할 거라고 생각하고 있을 남편이나 시댁 식구들에게 뭔가를 보여주자는 생각이 작용한 탓도 있지만, 무엇보다도 내가 어릴 때부터 집에서 보고 듣고 자란 것이 살림에 관한 것이 아니고 무엇이던가. 게다가 맛있는 걸 챙겨먹기 좋아하는 내 입맛을 위해서라도 나는 요리에 관해서라면 스스로 즐기면서 만들고 하는 것을 무척 좋아한다.

물론 결혼 초에는 실수도 많이 하고 시행착오를 수도 없이 거칠 수밖에 없었지만 이제는 살림하는 것이 완전히 몸에 배어 요리는 물론이요, 청소, 빨래까지 초스피드로 해내는 실력을 갖추게 되었다.

아침에 몇 시에 나가든(남편이 카메라맨이기 때문에 새벽에 나갈 때가 많다) 나는 남편 맹씨에게 반드시 밥상을 차려서 먹여보낸다.

　물론 편하게 살고자 하면 아침밥 안 먹여 보낼 수도 있고 좀 더 느슨하게 살림을 할 수도 있다. 전기밥솥에 밥 하나 가득 해 놓고 한 이틀씩 먹고 반찬도 사다 먹든지 아니면 손이 덜 가는 인스턴트 요리로 하든지 말이다.

　하지만 따뜻함이 있는 가정이란 무엇일까? 그리고 사람이 먹는 것이 얼마나 중요한 기본적인 교육일까를 생각하면 도저히 대충 해먹고 사는 것은 내 마음이 허락칠 않는다.

　역시 그 어머니에 그 딸일까? 결혼을 하고 나서 내 살림이란 것을 직접 하게 됐을 때 결국 엄마와 똑같은 방식으로 살림을 하게 되는 것은 어쩔 수 없이 보고 자란 결과물이 아닐까 싶다.

　내 살림, 그 중에서도 요리만큼은 절대로 남에게 맡기는 일이 없을 것 같으니까 말이다.

내 부엌은 새벽의 수산시장

"안녕하세요! 아줌마."
"아이구, 색시 왔수?"
"오늘 들어온 것 중에서 어떤 게 가장 물이 좋죠?"
"생태도 좋구, 청어도 요즘이 가장 맛날 땐데."
새벽 4시.
쿨쿨 잠들어 있는 남편이 깰세라 살금살금 일어나 잠버릇 험한 준영이가 발로 차내버린 이불 제대로 덮어주고, 천사처럼 잠든 진영이 얼굴에 뽀뽀 한 번 하고 나서 윗옷만 살짝 걸치고 노량진 수산시장으로 향하는 것은 결혼 후 한 달이면 몇 번식 치뤄지는 나의 일과이다.
우리 식구는 세상 모르게 잠들어 있는 시간이지만 수산시장의 새벽은 너무나 활기에 차 있다. 한쪽에선 경매가 이루어지고 또 한쪽에선 지방에서 갓 도착한 생선 궤짝들을 내려놓기 바쁘고, 시장 안은 온통 정신없이 시끌벅적하게 돌아간다.

물이 질척질척 배어 있는 시장 안을 가로질러 단골집에 가면 아줌마나 아저씨가 그날 들어온 생선 중에서 가장 물좋고 맛나는 제철 생선을 권해 주신다. 그러면 나는 생태 한짝, 청어 한짝씩 도매로 산다.

혹 보통 네 식구에 생선이 뭐 그리 많이 필요하겠냐고, 무슨 극성으로 수산시장까지 가서 궤짝으로 사들이냐며 흉보실 분도 있을지 모르겠지만 우리 네 식구가 먹어대는 생선의 양은 실로 엄청나다.

꽁치 같은 것은 한끼에 대여섯 마리는 구워야 되고 생태도 양념구이 해 놓으면 몇 마리는 후다닥 게눈 감추듯 먹어치우는 정말 먹성좋은 식구들이다.

그래서 나는 생선을 몇 마리가 아니라 늘 궤짝으로 산다. 갓 경매가 끝나 산지에서 직송된 싱싱한 생선을 먹어야 직성이 풀리는 성격이기도 하지만 값도 도매로 사기 때문에 반 이상을 절약할 수가 있다.

한 달에 몇 번씩 수산시장에 들르는 나의 스케줄은 우선 겨울에는 생태나 청어, 여름에는 오징어나 서대 같은 생선을 궤짝으로 사고 난 뒤 아이들 간식으로 튀겨줄 대하 20마리, 그리고 매운탕에 필요한 요것저것을 조금 더 챙겨서 사는 것으로 새벽 장보기가 끝난다.

집에 돌아오는 시간은 대략 5시 30분 정도.

그때까지도 꿈나라를 헤매고 있는 식구들 얼굴을 보면서 나는 그날 먹을 당장의 생선 몇 토막만 남긴 뒤 나머지는 일일이 손질을 해서 먹기 좋게 랩에다가 한 토막씩 싸서 냉동실에 보관해 놓는다.

생태 같은 것은 일일이 내 손으로 직접 포를 떠서 전을 부쳐 먹을 수 있게 손질해서 냉동실에 보관해 놓고 수시로 반찬으로 만들어 내놓는다.

"아니 최유라가 직접 생태포를 뜬다고?" 하며 의아해 하시는 분들도 있겠지만 사실이다.

보통 다른 주부들은 주로 전을 할때 동태를 이용하지만 나는 이미 한 번 냉동했던 생선은 절대 안 사고 믿지를 않는 까다로운 성격이라 생태로 포를 뜨는 것이다.

어린 시절 친정 엄마도 절대로 우리에게 동태로 포를 떠서 먹이는 일이 없었기에 나는 다른 집도 다 생태로 전유어를 부쳐먹는 줄 알았다. 나 또한 그렇게 해오다 어느 날 다른 사람들과 얘기를 하다보니 포는 동태로 뜨는 게 일반화되어 있다는 걸 알게 되었다.

나는 생태포뿐만 아니라 대구나 방어 같은 것들도 생선가게 아저씨에게 안 맡기고 직접 포를 뜬다. 생선가게에서 뜨면 웬지 여러 사람들이 사용하는 도마나 칼이 비위생적으로 느껴지기도 하고, 생선에다 뿌려주는 소금도 미덥지가 않다. 결국 우리 식구 먹을 음식은 항상 내 손을 거쳐야만 안심이 되기 때문에 손수 하는 것이다.

그래서 나는 생선가게 아저씨나 아줌마처럼 벨 따는 거나 포 뜨는 것이 수준급이다. 아닌 말로 생선장사를 해도 될 정도이다.

행복이 가득한 부엌!

생선포를 뜨면서 내가 왜 이렇게 선수가 됐을까 생각을 해보면 거기엔 반드시 엄마의 모습이 있다.

엄마도 지금의 나처럼 한 달에 한 번씩은 서울에 있는 수산시장엘 다녀오곤 했다. 집이 수원이라 수원에서 노량진까지는 너무나 먼 거리인 데다가 차도 없던 시절이니 전철을 타고 갔다 와야 하는 먼 길인데도 불구하고 엄마는 새벽이면 전철을 타고 노량진 수산시장으로 장을 보러 다니셨던 것이다.

생선을 그것도 궤짝으로 사서 머리에 이고 땀을 뻘뻘 흘리며 집에 들어서서는 바로 토막토막 손질을 해서 냉장고에 넣고 일일이 포를 떠서 전을 부치거나 매운탕을 맛있게 끓여 놓으시곤 했던 기억이 지금도 생생하다.

나와 내 동생 정임이는 엄마가 서울의 수산시장엘 갔다 오는 날이면 오늘은 무슨 맛있는 생선을 사올까 내기를 하기도 하고 입에 군침이 돌도록 엄마가 돌아오실 때를 설레는 마음으로 기다리곤 했었다.

그러했던 내가 어느 새 두 아이의 엄마가 돼서 이제는 우리 아이들에게 그런 추억을 줄 수 있는 엄마가 된 것이다.

이렇게 부지런히 수산시장을 드나들다 보니 여늬집 같으면 생선 매운탕 한 번 해먹으려면 아마 장을 따로 봐야겠지만 우리집 냉장고나 냉동고에는 항상 매운탕거리가 준비되어 있다.

저녁에 퇴근한 남편이 "여보! 우리 오늘 저녁은 매운탕!"하면 즉석에서 매운탕을 끓여낼 수가 있다.

혹 강원도로 놀러갔다 올 때도 나는 삼숙이, 오징어, 청어, 이면수 같은 모든 생선을 산지에서 싱싱한 걸로 잔뜩 사와서 시어머니에게 나누어 드리기도 하고 냉동실에 잘 보관해 놓고 먹는다.

물론 나처럼 한 달에 몇 번씩 수산시장에 가는 것은 전업주부라면 몰라도 맞벌이 주부에겐 무척 힘든 일일 것이다.

자주는 아니더라도 한 달에 한 번만이라도 구경삼아 수산시장에 가서 싱싱한 생선을 사다가 잘 보관해 놓고 식구들에게 먹이면 어떨까? 맛있고 싱싱한 생선을 먹이는 즐거움도 있지만 우리 엄마처럼 아이들에게 시장을 갔다 오는 엄마의 시장 바구니에서 과연 무엇이 나올까를 기다리게 만드는 그런 추억을 심어 주는 엄마가 되면 어떨까?

그리고 무엇보다도 알뜰 가계에 보탬이 된다는 사실도 잊지 마시길 바란다.

참고로 내가 생선을 요리하는 비법이라면 비법을 좀 소개해 볼까 한다.

【생선을 맛있게 조리하는 방법】

1. 엿장구이

일식집에 가면 나오는 엿장구이는 매운 걸 못먹는 아이들이나 달짝지근한 맛을 좋아하는 어른들에게 적당한 구이법이다.

마늘이나 파 같은 양념을 안 하는 이유는 파나 마늘이 타서 생선이 지저분하게 되기 때문이며 강한 맛을 피하기 위해서이기도 하다.

◆ 엿장구이 양념 : 간장·물엿·설탕·참기름 약간, 간장을 다시마물에 풀면 더욱 맛있어진다.
① 엿장구이 하는 생선으로는 대개 흰살생선이 적당하다.
② 삼치나 도미 같은 흰살생선을 깨끗이 손질한 뒤 후라이팬에 기름을 두르고 뒤집어가며 완전히 익힌다.
③ 완전히 익은 생선에 준비한 엿장구이 양념을 앞뒤로 발라 줘가며 몇 번 앞뒤로 굽는다.
④ 다 익은 생선 위에 새콤한 레몬즙을 살짝 뿌려서 먹는다.

최유라식 조리 포인트
다시마물에 간장 풀기가 중요하다.

2. 생선조림

생태·도루묵·고등어·병어 같은 생선을 잘 손질한 뒤 양파를 냄비에 잔뜩 깔고 그 위에 양념장을 끼얹어서 익히는 조림법이다.

우리집 아이들은 이렇게 생선조림을 해주면 밥 한 그릇은 눈 깜박할 사이에 비우는 밥도둑이 된다.

◆ 생선조림장 양념 : 간장·설탕·마늘·파·고춧가루·깨소금·참기름 약간
① 양파를 굵직굵직하게 썬다.
② 충분히 달구어진 냄비에 기름을 한 방울 두르고 그 위에

양파를 깐다.
③ 양파 위에 양념장에 재운 생선을 발라서 얹어놓고 뒤적뒤적해가며 생선을 익힌다. 양파의 향이 생선의 비린내를 없애기도 하고 무 대신 양념이 밴 양파를 맛있게 먹을 수도 있다.

최유라식 조리 포인트

무 대신 양파를 많이 쓴다.

빨래, 정말 힘들죠?

 아빠가 하루에 한 차례씩 속옷 벗어놓지요. 개구쟁이 맏아들 준영이가 하루에도 몇 차례씩 벗어대지요. 딸내미 진영이도 하루에 여러 번 저지레하지요. 게다가 내가 벗어놓는 것까지 우리 네 식구가 내놓는 겉옷과 속옷이 하루만 지나면 빨래통으로 하나 가득 쌓인다.

다른 주부들도 그런지 모르겠지만 나는 살림하면서 빨래가 가장 힘들다고 생각한다. 비비고, 헹구고, 비틀어 짜는 것이 얼마나 힘든지 빨래를 하고 나면 어깨가 다 뻐근하고 등에서 식은 땀이 줄줄 흘러내린다.

그래도 신혼 초에는 아기가 없어서 빨래도 얼마 안 돼 그날그날 조금씩 손수 손빨래를 했다.

그런데 웬걸? 준영이, 진영이가 태어나면서 늘어나는 빨래를 나 혼자 감당할 수 없게 되어버렸다. 하루에도 빨래통으로 하나 가득 쌓이는 빨래를 일일이 손으로 빤다는 것은 아무래도 시간과 체력상 버티기 힘들어졌기 때문이다.

그래서 터득한 것이 세탁기를 이용하는 요령과 방법이었다.

우선 나는 모든 빨래를 이틀에 한 번씩 하는 것으로 정했다. 매일 할 수도 있지만 매일 빨래를 하면 왠지 일년 내내 빨래만 죽도록 하는 것 같은 서글픈 기분이 들어서 이틀에 한 번씩으로 정했다.

먼저 빨래통을 겉옷과 속옷 넣는 것을 구분해서 두 개를 만들었다. 겉옷은 일단 세제물에 풀어서 30분 이상 담갔다가 애벌빨래를 한 뒤 세탁기에 넣어서 돌린다. 어른 옷 같으면 굳이 애벌빨래를 안해도 되겠지만 아이들 옷은 과일 먹다 흘린 과즙물, 흙 묻히고 들어온 양말 등 지저분하게 묻은 것이 많기 때문에 반드시 애벌빨래를 해줘야만 깨끗해진다.

세탁기에 넣고 돌릴 때도 그냥 한 코스만 돌리면 왠지 비눗물이 덜 빠질까봐 나는 한 번의 전자동 과정이 끝나고 난 뒤 세탁만 빼고 헹굼과 탈수를 다시 한 번 전 코스로 돌린다.

비눗기가 빨래에 남아 있으면 연한 아이들 피부에 알레르기를 일으킬까봐 여간 신경이 쓰이는 게 아니다. 그래서 비눗물기가 완전히 빠질 수 있도록 헹굼을 두 배로 하는 것이다.

속옷은 반드시 삶는 것이 나의 철칙이다. 하지만 속옷은 일일이 손으로 애벌빨래 하지 않고 비누만 적당히 칠해 커다란 양푼에 넣고 푹 삶는다.

이때 레몬 한 조각 넣는 나만의 독특한 비결이 있는데, 흰옷을 더욱 희게 하는 요령으로 나는 냉장고에 먹다 남은 레몬 중 가장 시들한 것을 골라 빨래 삶을 때 꼭 한 조각씩 넣는다. 간혹 소금을 넣는다는 주부도 있지만 나는 소금을 넣고 삶아보지는 않아서 잘 모르겠다. 하지만 레몬을 넣으면 흰옷이 더욱 깨끗하게 삶아진다.

삶는 빨래는 30분 이상 센 불에 푹 삶은 뒤 약간의 뜸을 들여야 하기 때문에 약한 불로 10분 정도 더 삶는다. 이렇게 해서 뽀얗게 우러난 속옷은 손빨래하지 않고 그대로 세탁기에 넣고 더운물 빨래를 한다. 삶은 빨래일수록 더운물로 세탁하고 헹궈야 때가 쏙 빠지고 새하얗게 되기 때문이다.

여기까지가 나의 빨래 과정 중 제 1단계가 끝난 셈이다.

자, 그러면 2단계 빨래를 너는 방법으로 들어간다.

나는 전에는 누구나 나처럼 빨래를 말리는 줄 알았다. 그런데 우리집에 가끔 일하러 오는 아줌마를 보니까 빨래가 끝나자 세탁기에서 꺼낸 뒤 그냥 건조대에 너는 것이 아닌가? 그래서 아줌마에게 내 방법을 설명했더니 "아이, 그냥 툭툭 털어서 널면 될텐데 뭘 그렇게까지." 하면서 그냥 아줌마 방법대로 하는 것이다.

새파랗게 젊은 새댁이 나보다 살림 선배인 아줌마에게 더 이상 잔소리를 할 수도 없어 그냥 바라보고 말았지만 솔직히 말해 내딴에는 아쉬움이 좀 남았다.

나는 세탁기에서 꺼낸 빨래를 일일이 손으로 다시 한 번 개킨다. 다 마른 빨래를 걷어서 개키는 것처럼 말이다. 그렇게 한 뒤 건조대에 널면 빨래가 옷 모양 그대로 살아나서 런닝이나 속옷은 물론 청바지나 티셔츠도 다림질할 필요가 없다.

어떤 주부는 더 정성스럽게 모든 빨래를 일일이 집게로 집어 널면서 옷 모양을 잡기도 하는데 나는 내 방법이 손에 익고 편해서 그대로 한다.

혹시 세탁기에서 꺼낸 뒤 훌훌 털기만 해서 빨래를 널고 계신 주부라면 제가 하는 방법대로 한 번 해보시면 아마 다림질하는 수고가 좀 덜어지기도 하고 옷을 입을 때 기분좋게 입을 수 있게 될 듯 싶은데, 어떨지?

자질구레한 일상적인 옷들이야 이렇게 빤다지만 이불이나 커튼같이 덩치 큰 빨래감은 주부들에겐 여간 곤혹스러운 일이 아니다. 어떤 주부는 생전 커튼을 꺼내서 빨지 않고 이사나 가게 돼야 한 번 빤다고 하는데, 사실 이해가 가는 일이다.

커튼을 뜯어내려면 그 수고가 얼마며 또 빨아서 다림질할 생각을 하면 일을 시작하기도 전에 골치가 지끈지끈 아파오게 마련이다. 물론 이불빨래도 마찬가지다.

그런 주부들을 위해서 내가 하는 빨래 방법이 도움이 되지 않을까 해서 적어본다.

우선 이불빨래도 물에 세제를 적당히 풀어서 충분히 때가 불 때까지 담가놓는다. 그리고는 세탁기에 넣고 돌린다. 물론 이때도 헹굼 코스는 두 번이다.

탈수가 돼서 꾸깃꾸깃해진 이불을 꺼내서 남편하고 둘이 마주 선 다음 양끝 솔기를 접어서 방석 크기만해질 때까지 접는다.

방석 크기만해진 이불 위에 커다란 타올을 덮어놓고 그 위에 올라서서 여러 차례 발로 밟는다. 혹 다듬이 방망이가 있으면 방망이로 두드려도 좋지만 손으로 하는 것보다야 위에 서서 발로 밟는 것이 훨씬 손쉽다.

그렇게 여러 차례 밟은 뒤에 원래의 크기대로 쫙 펴서 소파 같은 데에 척 걸쳐놓고 말리면 마른 뒤에도 다림질할 필요가 없다. 물론 커튼도 마찬가지 요령으로 하면 된다.

이불이나 커튼을 빨고 나서 남편과 함께 마주서서 이불을 접는 즐거움, 그것은 살림을 하면서 공동으로 나누는 우리 부부의 또 다른 기쁨이기도 하다.

해도해도 끝이 없는 청소

"준영아! 이제 그만 뛰지 못해!"
"진영아! 술래잡기 그만해!"
　일곱 살, 네 살짜리 아이가 둘 있는 집이라 그런지 하루 종일 소파에서 뛰어내리고 뒹굴고, 오빠는 잡으러 다니고 동생은 꽁지가 빠져라 죽어라 달아나고, 남매가 정신없이 뛰어논다.
　우리집 아이들은 이상하게도 밖에 나가서 노는 것을 좋아하지 않는다. 엄마가 집에만 데리고 있어서 그런지 모르지만 어쩌다 놀이터에 가도 금방 집으로 가자고 조르고, 과자를 사러 밖에 나갔다가도 과자만 사면 제까닥 집으로 가자고 한다.
　다른 집 아이들은 밖에 나가지 못해서 안달이라는데 우리집 아이들은 이상하게 정반대다.
　다행히 자기들끼리도 집안에서 레고나 블럭을 하면서 재밌게

놀기 때문에 걱정은 없지만 그래도 밖에 나가지 않으려는 게 아이답지 않은 것 같아 때로는 걱정도 된다.

밖에 나가지 않고 집에서만 놀다 보니 자연히 동선이 많은 아이들이라 우리집에는 먼지가 많다. 먼지가 많으면 기관지에 안 좋기 때문에 아이들이 감기에 걸릴까봐 나는 특별히 청소에 신경을 쓰는 편이다.

빨래보다는 그래도 덜하지만 청소도 만만치 않게 체력과 시간을 요구하는 힘든 집안일이 아닐 수 없다.

우리집은 35평에 방이 3개다.

옷이 있는 방이야 자주 청소하는 편은 아니지만 안방과 아이들 방, 그리고 거실은 하루 오전과 오후 두 번씩 꼭 청소를 해야만 한다.

그러자니 일일이 손으로는 다할 수 없는 일! 우선 오전에는 진공 청소기로 구석구석 먼지까지 깨끗이 빨아낸 다음 물걸레로 다시 깨끗이 닦아내지만 오후에는 그냥 청소기로 먼지만 한 번 더 제거하는 청소를 한다.

그리고 아파트에 사는 아이들이 건조해서 감기나 알레르기 비염에 걸린다는 얘기가 있어서 나는 물이 담긴 조그만 스프레이를 들고 하루에 여러 차례 공중에 살포(?)를 한다.

행여 먼지가 많은 데다 물을 뿌리는 것이 기관지에 안 좋을 수도 있지 않을까 하는 생각이 들기도 하지만 먼지를 깨끗이 제거하고 나서 뿌리는 거니까 인체에 문제는 없겠지 하고 스스로 위로해 본다.

다행히 우리 아이들은 자주 감기에 걸리지 않아서 내 이론이 문제가 없다는 것이 증명되고 있는 것 같아 방법을 바꿔볼 생각은 없다.

안방이나 거실 청소는 그렇다치고 화장실과 욕조 청소도 나는 하루 한 차례씩 꼭 닦아낸다.

준영이가 변기에 쉬를 하다가 어쩌다 흘린 한 방울도 이상하게 하루만 닦지 않으면 찌린내가 나기 때문에 어쩔 수 없이 변기를 닦아야 하고, 저녁이면 온 식구가 모여서 목욕도 한 차례씩 하기 때문에 욕조도 닦아야만 한다.

하루 한 번씩 청소한다는 것이 전업주부가 아닌 사람들에게는 정말 힘든 일일 것이다. 그래서 나와는 다른 방법을 권하고 싶다.

간편하다는 이유로 나는 홈스타를 주로 사용하지만 혹시 자주 화장실 청소를 못하는 주부들은 변기에 소변 찌꺼기나 샤워기에 물때가 앉았을 때 식초를 물에 풀어서 닦으면 깔끔하게 지워낼 수 있다.

베란다에 붙어 있는 유리창도 일주일에 한 번은 꼭 닦는데 마른 걸레로 유리 닦는 용액을 뿌려서 깨끗이 닦아낸다.

부엌 싱크대나 가스 레인지에 남아 있는 국물 찌꺼기 등도 그때그때 닦아내지 않으면 찌든 때가 되어 참 보기 흉할 뿐더러 깔끔하게 지워지지도 않는다.

저녁 설거지를 끝내놓고는 락스물을 풀어서 개수대를 청소하는 것은 물론 가스 레인지나 싱크대 주변에 붙어 있는 찌꺼기 등을 꼭 닦아내는 것으로 마무리를 한다.

매일매일 조금씩 닦으면 될 것을 그대로 뒀다가 한달에 한 번

할라치면 힘도 더 들고 때도 깨끗이 빠지지 않기 때문이다.

　냉장고도 마찬가지다. 일주일에 한 번은 냉장고나 냉동고를 청소해야 한다고 말하지만 요즘처럼 모든 음식을 냉장 보관하는 시대에 냉장고 청소를 하기 위해서 음식물들을 꺼내놓았다가 혹시 상하면 어쩌랴 싶어 나는 절대 음식물을 꺼내놓고 냉장고 청소를 하지 않는다.

　대신에 매일 음식물을 넣을 때 한 차례씩 그 부분을 닦아주고 냉장고 표면도 저녁 설거지할 때 한 차례씩 깨끗이 닦아낸다.

　내가 요리할 때는 물론 우리집 꼬마들도 하루에 수십 차례 냉장고를 여닫기 때문에 저녁이면 하얀 냉장고 표면이 얼룩덜룩해지기 마련이라 하루 한 차례씩 꼭 닦아내야만 한다.

　어릴 때 엄마가 맨날 걸레를 들고 이 구석 저 구석 닦아내고 먼지가 조금이라도 있을까봐 털어내던 모습을 보면서 저렇게까지 쓸고 닦아야 할 필요가 있을까, 이담에 나는 대충 살아야지 하고 생각했던 적이 있다. 하지만 결혼한 지금 내가 그때의 엄마처럼 하루 종일 청소기 돌리고 구석구석 먼지 닦아내는 그런 엄마가 돼버렸다.

　"준영아! 저쪽으로 좀 가, 엄마 청소하게."

　"진영아! 발 좀 들어봐, 거기 먼지 좀 닦아내게." 하면서 말이다.

우편으로 배달해 먹는 반찬

"여보세요! 거기 최유라 씨 댁인가요?"
"네 그런데요, 누구세요?"
"아, 여기는 목동 우체국인데요. 근데 혹시 라디오 시대! 그 최유라 씨 맞아요?"
"무슨……?"
"라디오 진행하는 그 최유라 씨냐구요?"
"아, 네. 맞아요."
"하하하하 맞았구나. 저기 지금 우체국에 제주도에서 옥돔이 막 배달돼 왔는데 어떡할까요. 이따가 집배원 아저씨 일하는 시간에 가면 생선이라 상할 것 같은데."
"제가 지금 가지러 갈게요."
"아니, 집에 계실 거면 제가 가져다 드려도 되는데……."

일주일에도 여러 번 오가는 목동 우체국 아저씨와의 대화이다.

〈지금은 라디오 시대〉에 전국의 장터를 연결하는 코너가 있어 산지 상인들과 자주 통화를 하다 보니 이제는 직접 산지로 주문을 해서 먹는 품목이 많이 늘었다. 제주도의 옥돔만 해도 그렇고 기장에서는 미역이 때맞춰 올라온다.

전국의 산지에서 나는 생선은 물론 김·미역·고춧가루나 양념류도 요즘은 택배를 많이 이용하고 있기 때문에 전국에서 우리집으로 이런 배달물들이 수시로 온다. 때문에 우리 동네 우체국에서 나를 모르는 사람이 거의 없게 된 것이다.

그냥 시간이 돼서 집배원 아저씨에게 보내도 될 것을 우체국 직원들은 한시라도 성성한 걸 갖게 해주고 싶어서 이렇듯 친절하게 전화를 해주는 고마움을 베풀어 주신다. 바로 우리집 앞에 우체국이 있어 내가 가지러 갈 때도 많지만 고맙게도 우체국 아저씨들이 직접 가져다 주실 때도 있다.

내가 주부이기 때문에 우리 프로그램에 있는 장터 코너는 우선 나부터 귀가 솔깃해지는 코너이다.

어디에서 나는 것이 보다 맛있고 싱싱하며 또는 신선한 걸까? 산지 상인들과 전화로 인터뷰를 할 때도 나는 주부로서의 궁금증은 물론 이미 내가 맛본 것이라면 포장은 이렇게 하는 게 좋겠더라, 꼬들빼기 김치는 맛있긴 한데 좀 달더라, 등등 조언도 잊지 않는다.

한때 준영이를 키울 때는 직접 수산시장 가는 것은 물론 용산에 있는 농협에도 수시로 나가 곡물부터 시작해서 야채까지 직접 사오곤 했다.

하지만 〈지금은 라디오 시대〉를 진행하고 나서부터는 장터에서 만난 좋은 물건들 때문에 거꾸로 내 수첩에는 전국의 산지 상인들의 전화번호가 직접 시장에 가는 수고를 덜어주게 된 것이다.

그리고 수시로 전화로 주문을 한다. 그러면 그 즉시 갓잡은 싱싱한 옥돔이나 생선들이 배달돼 저녁이면 우리집 식탁에 올려지게 된다.

나만 아니라 다른 주부들도 택배를 이용하면 시장에 가는 수고를 덜을 수 있고 또 보다 신선한 음식들을 먹을 수 있지 않을까 하는 의미에서 내 수첩에 있는 장터를 공개해 보기로 한다.

【우편 주문 판매 중 내가 자주 이용하는 곳】

1. 기장 미역 : 기장 우체국. 기장에서는 내가 주문하지 않아도 늘 보내주시는 고마운 이봉근 아저씨가 있다. 기장 미역의 장점은 물에 오래 불리지 않아도 금방 쓸 수가 있다는 거다.
2. 진도 미역 : 지산 우체국.
3. 속초 명란 : 속초 우체국.
4. 익산 수연소면 : 여산 우체국. 메밀이나 쑥·호박·설록 등 다양한 소면 종류가 있어 한 번에 시킬 때 이것저것 필요한 것들을 주문한다.
5. 신촌 면류 : 영원 우체국. 당면이나 막국수·냉면은 신촌

면류를 이용한다.
6. 황태 : 원통 우체국. 주로 횡계에서 말린 황태를 주문한다.
7. 신양 현미유 : 덕천 우체국. 현미유뿐만 아니라 현미 쌀눈도 같이 주문, 아이들 밥 볶아줄 때 현미쌀눈을 같이 섞어 주면 너무 맛있게 먹기도 하지만 자라나는 아이들에게 자연식을 공급하는 것 같아 뿌듯하다.
8. 보은 기름 세트 : 보은 우체국. 참기름·들기름·고추씨기름 등은 신선도가 떨어지면 안되므로 한 번에 한두 병씩만 주문한다.
9. 영양 메주 : 영양 우체국. 내가 직접 장을 담그지는 않지만 친정 엄마가 필요시 내게 부탁하는데 우리의 전통 메주를 쑤는 할머니가 직접 담근 메주라 없어서 못 팔 정도이다.
10. 영양 고추 : 영양 우체국.
11. 제주 옥돔 : 제주도 혜성수산.
12. 마이산 표고 : 진안 부귀 우체국.
13. 보령, 대천 김 : 보령 우체국. 즉석 구이김인데 맛과 품질이 뛰어나다.
14. 체은 종합식품의 국수 : 강원도 고성.(0392) 682-1932
15. 쥐포, 마른 반찬 : 여수 오천산업.
16. 동표 골뱅이 : 강원도 강릉시 주문진.(0391) 662-2266
♣ 그 이외의 것들은 전국 모든 우체국에 가면 우편 주문 상품이 있는 책자가 있다.

천연 조미료가 좋아요

 음식을 만들 때 조미료가 안 들어가면 제맛이 덜하지만 워낙 신선한 야채나 생선으로 요리를 하면 그 안에 들어 있는 고유의 맛이나 향이 살아나기 때문에 조미료를 넣지 않아도 맛있게 음식을 만들 수가 있다. 하지만 산지에서 금방 갓 잡은 생선이나 야채로 요리를 하기에는 역부족이므로 아무래도 국을 끓이거나 나물을 무칠 때 조미료가 들어가야 훨씬 맛이 좋아지는 것을 느낄 수가 있다.

　결혼 전 친정 엄마도 음식에는 절대 화학 조미료를 넣지 않으셨다. 대신에 천연 조미료를 만들어 두고 쓰셨다. 그 맛에 길들여져서인지 음식점에서 외식을 할 경우, 입안 가득 퍼지는 조미료 맛이 느끼하게 느껴져서 어쩌다 외식을 하고 나면 속이 느글거리고 여간 불편한 게 아니다.

그래서 나는 대학 다닐 때에도 반드시 도시락을 두 개씩 싸들고 다녔다. 수원이 집인지라 워낙 멀기도 하지만 밤늦게까지 학교 소극장에서 공부하랴, 연습하랴 바쁘게 생활했기 때문에 점심은 물론 저녁밥까지 싸들고 다녀야 했다.

물론 간편하게 학교 앞 식당에서 돈 주고 사 먹을 수도 있었겠지만 사 먹는 음식에 영양가를 기대한다는 것도 무리였고, 비위생적인 것을 못 믿어하는 우리 엄마의 음식 편견 때문에 절대로 사 먹을 수 없었다. 그러나 무엇보다도 내 스스로가 음식점에서 파는 음식에 거부 반응을 일으켰기 때문이기도 했다.

결혼 초 남편은 화학 조미료를 넣지 않은 음식을 먹으면서 "아니 음식맛이 왜 이래." 하면서 투덜거리더니 이제는 나보다도 더 화학 조미료를 넣은 음식을 못 먹는다. 우리집 식구가 외식을 자주 안 하는 이유를 우리 신랑은 "당신이 해준 음식보다 더 맛있는 게 없어서."라고 하지만, 사실은 화학 조미료가 잔뜩 들어간 음식에 대한 거부 반응의 이유가 더 크다고 할 수 있다.

당연히 나는 모든 음식에 화학 조미료 대신 천연 조미료를 넣는다. 국을 끓일 때도 준영이 진영이 이유식을 만들 때도 나는 빻아놓은 멸치를 한 숟갈씩 집어넣고 만든다. 그리고 모든 양념장 국물로는 다시마 국물을 쓴다.

간혹 잡지에 보면 표고버섯을 말리거나 멸치를 말려서 쓰는 알뜰 주부들의 기사가 나오는데 나는 표고버섯 대신 멸치만 갈아서 쓴다. 멸치도 그냥 몸통 자체를 넣고 끓여도 나는 잘 먹는데 남편은 왠지 징그러워하면서 얼굴을 찡그리기 때문에 갈아서 쓰고 있는 것이다.

【천연 조미료 만드는 법】

1. 멸치가루 만들기
① 다시국물 내는 큰 멸치 중에서도 빛깔이 검은 것 말고 뽀얗다 못해 하얀빛이 도는 상품의 멸치를 고른다.
② 다른 곳은 다 그대로 두고 멸치 똥만 떼낸 뒤 신문지에 널어서 베란다에 한 30분 정도 둔다. 보통 머리를 떼어내는 주부들도 있지만 나는 그렇게 하지 않는다. 머리가 제일 맛있고 칼슘의 보고인데 왜 머리를 떼어내는가 말이다.
③ 30분 정도 말리면 꼬득꼬득할 정도로 금세 마른다.
④ ③을 분쇄기에 넣고 적당히 갈되 너무 곱게 갈지 않는다.
⑤ ④를 양념통에 넣어 냉동실에 보관한다.

2. 다시마 국물내기
① 깨끗이 씻은 다시마를 적당량의 물에 넣고 펄펄 끓인다.
② 다 끓고 나면 식힌 후 물병 같은 곳에 보관해 놓고 생선조림할 때 국물이나 아니면 양념장 등을 만들 때 쓴다.
③ 한 번에 너무 많이 끓여놓으면 신선도가 떨어지므로 적당량(3~4일) 정도 쓸 분량만 끓여놓고 쓰면 좋다.

3. 볶은 소금
① 정제된 소금보다는 돌소금이라고 불리는 천연 소금이 음식맛을 훨씬 깊게 내지만 불순물이 많으므로 그대로 쓰지 않고 나는 돌소금을 사다가 후라이팬에 넣고 볶아서 쓴다.

시부모님 생신상 차리기

결혼해서 살아보니까 여자들에게 가장 부담이 되는 날은 명절보다도 시어른들 생신날이 아닌가 싶다.

4월에는 시아버님 생신, 9월에는 시어머님과 시동생 시누이 등 줄줄이 무슨 날이 그렇게 많은지 잠시도 편하게 지낼 수가 없다. 달력에다 동그라미로 표시해 둔 날을 보면 일 년 중에 거의 한 달은 행사로 가득 차게 된다.

명절 때야 아직 시어머님이 계시니까 시어머님이 준비하시는 음식을 옆에서 거들고 만들기만 하면 그만이지만 생신날은 며느리인 내가 손수 장보기부터 시작해서 메뉴 짜기, 설거지인 뒤치다꺼리까지 나 혼자 해야 하니 여간 신경쓰이는 게 아니다.

혹 아버님 친구분들한테 흉이나 잡히면 어떡하나? 친척 어른들이 맛없다고 안 드시면 어떡하나? 행여 소홀하게 차렸다고 아버님이나 어머님이 서운해 하시면 어떡하나 등등.

결혼하고 아버님 첫 생신이 돌아왔을 때는 친정 엄마가 녹두 빈대떡과 떡, 묵 등을 보내주셨기 때문에 부담이 덜했지만 이제 나도 결혼한 지 7년이나 된 주부이기 때문에 언제까지나 엄마에게 신세를 질 수 없는 노릇이지 않은가?

그래서 내가 직접 메뉴를 짜서 차리기 시작했는데 어른들 생신상은 이렇게 차렸다.

【어른 생신 차림상 메뉴표】

1. 도토리묵 : 어른들이 묵을 좋아하셔서 도토리묵만큼은 한 번도 빠뜨리지 않고 꼭 올려놓는 메뉴다.
2. 갈비찜.
3. 잡채.
4. 겉절이 : 봄에 생신인 아버님 경우는 봄동 겉절이로, 가을이 생신인 어머님 경우는 배추 겉절이로 한다.
5. 물김치.
6. 배추김치·오이소백이.
7. 삼색나물 : (도라지·고사리·시금치) 잘 드시진 않지만 보여지는 음식이므로 구색 맞추기로 언제나 빠트릴 수 없다.
8. 빈대떡 : 녹두 빈대떡에 고사리나 김치를 얹어서 부치는 경우도 있고 아니면 흰 빈대떡에 호박범벅이처럼 고기나

고사리, 파를 김치와 곁들여 얹어서 깔끔하게 부쳐내기도 한다.
9. 고추전·굴튀김.
10. 실파강회.
11. 한치회국수 : 풋고추·파·돌미나리·초고추장·참기름·깨소금 약간.

10가지 기본으로 차리는 메뉴에다가 해마다 다른 것이 첨가되기도 하는데 때론 장국에 말은 소면이나 한치회를 넣고 비벼 먹는 비빔국수가 마지막 히트 메뉴로 들어간다.

생신날 음식을 잔뜩 먹어서 배가 부른데도 풋고추나 파를 썰어넣고 한치회를 넣어서 초고추장에 새콤달콤하게 비벼서 국수 한 접시씩 내놓으면 조금 전까지 배불러서 더 못 드시겠다던 분들도 한 그릇씩 뚝딱 비워내신다.

게다가 올해는 수산시장 활어 보관장에서 직접 산 바닷가재를 아무것도 넣지 않고 큰 솥에 넣어 찐다음 칠리소스를 곁들여 내놓았더니 정말 맛있게 드시는 거였다.

활어 보관장은 원래 도매하는 사람들에게만 생선을 넘기는 곳인데 내가 수산시장을 하도 드나들다 보니 장사하는 분들이 좀더 싱싱하게 살 수 있는 그곳을 내게 알려준 건데 소매로 사는 나 같은 사람은 상대도 안해 주는 곳이다.

하지만 조금이라도 싱싱한 생선을 사겠다는 의지로 여러 번 찾아갔더니 한 가게 주인 아저씨가 이제는 나를 단골로 대접해 주신다. 그래서 이번에도 바닷가재를 특별히 부탁, 생신상의 별미로 가족들에게 각광을 받았다.

하지만 바닷가재가 너무 비싸 이런 메뉴는 어쩌다 한 번이지 자주는 못할 듯싶다.

① 재료 : 토마토 케첩 1/2컵, 샐러리 2줄기, 고추기름 1/2컵, 마늘 2티스푼(갈은 것), 설탕 1티스푼, 식초 1티스푼
② 방법 : ⅰ) 샐러리는 양파 갈듯 갈아놓는다.
　　　　ⅱ) 냄비에 적당히 식용유를 두르고 고춧가루와 마늘을 넣고 고추기름을 약간 볶아내듯 만든다.
　　　　ⅲ) 여기에 토마토 케첩과 설탕·식초를 넣고 갈아놓은 샐러리를 향 날 정도로 넣고 잠깐 볶은 다음 꺼낸다.

최유라식 조리 포인트

칠리소스는 바닷가재 먹을 때 스스로 먹어도 맛있지만 새우튀김 등을 했을 때 같이 먹어도 맛있는 소스다.

술친구들은 집으로 데리고 오세요

"땡땡."
12시를 넘기고도 모자라 벌써 새벽 2시를 가리키는 시계. 10시쯤 오늘 촬영이 끝났다고 하면서 스탭들과 저녁만 먹고 오겠다고 남편으로부터 전화가 온 지 벌써 4시간이 지났다. 그런데 지금껏 전화 한 통 없이 감감무소식이다.

왜 늦는지, 무얼 하고 있는지 잠도 못 자고 계속 시계만 쳐다보며 도끼눈을 해갖고 분을 삭이고 있는 내 모습을 보면 정말이지 화가 난다. 내가 이런 일로 싸우는 걸 주변에 얘기하면 모두들 "참, 걱정도 팔자다. 그냥 자면 되지 기다리긴 왜 기다리니?" 그렇게 말하는 사람이 대부분이다.

"아니 무슨 소리야? 가족이, 그것도 남편이 아직 안 들어왔는데 어떻게 잠을 잘 수가 있어?"

이렇게 대꾸하면 사람들에겐 오히려 내가 이상한 사람으로 보이는 것 같다. 물론 잠을 잘 수도 있다. 하지만 내가 성격이 유별나서인지 이상하게 잠들고 싶어도 잠이 오지 않는다.

게다가 상상으로 그림을 그려보면 지금쯤 어디선가 뻔히 술이나 퍼마시고 있을 남편이기에 더더욱 잠이 안 온다. 아니 정말로 술이 먹고 싶으면 집에 와서 먹으면 될걸 왜 밖에서 먹느냐 이 말이다. 그리고 왜 날을 넘기면서까지 술을 마시고 있냐 이거다. 밤이 되면 술자리도 좋지만 가족이 있는 집으로 빨리 들어와 잠을 자야 하는 거 아니냐 말이다. 그래야 이 마누라도 편히 잠들 수 있고 말이다.

남편은 정말로 술을 좋아하는 사람이다. 술을 좋아하는 것도 좋아하는 거지만 취하기도 남들보다 빨리 취한다. 연애할 때도 포장마차에서 같이 술을 먹어보면 나보다도 오히려 더 빨리 취하는 편이었으니까 알 만하지 않은가.

그래서 결혼하면서 친구들에게도 "술 드시고 싶으면 집으로 오세요. 내가 근사하게 차려줄게요." 하고 부탁에 부탁을 하지 않았던가.

결혼 초기에는 우리집 문턱이 닳도록 친구들이 드나들었다. 언제쯤 술부대가 쳐들어올지 몰라 나는 지금도 그렇지만 항상 술안주거리를 예비로 사다 놓았다. 맥주나 소주는 사가지고 오거나 24시 편의점에 가면 얼마든지 살 수 있지만 안주는 그럴 수 없어서 미리 준비해 놓는 것이다.

우리집 베란다 뒤 건어물 상자에는 은행, 오징어, 문어, 멸치 같은 마른안주가 잔뜩 들어 있고 겨울철에는 매운탕이 안주로 적당하기 때문에 냉장고에 늘 재료가 준비되어 있다.

그런데 요즘은 워낙 서로가 바쁘기도 하고 일이 늦게 끝나다 보니 직장 동료들과 술을 마시는 날이 잦아지고 또 자연히 늦은 시간이 되니까 그냥 밖에서 마시고 오려 한다.

술 마시러 갈 때야 딱 한 잔만 하고 가지만 어디 갈 때 마음과 올 때 마음이 같을 수 있나. 그러다 보니 자연 일배일배 부일배라, 새벽이 되도록 퍼마시고 있는 것이다.

나는 되도록이면 남편이 집에 와서 술을 마셨으면 좋겠다. 아무리 늦어도 집으로 오면 내가 잘해 줄텐데 왜 밖에서 마시는지 모르겠다.

아니, 집에 사람 데리고 오는 거 자기 아내가 싫어해서 괴로워하는 남편도 있는데 나처럼 데리고 오라는데 왜 안 오고 밖에서 술 마시는 겁니까. 네? 맹씨 남편! 어디 대답 좀 해보이소.

【우리집 술안주】

◈ 은행 : 은행은 뜨거운 후라이팬에 데굴데굴 굴려서 뜨겁게 한 다음 껍질을 벗긴다. 그런 다음 후라이팬에 식용유를 아주 조금 두르고 소금을 약간 뿌린 다음 다시 한 번 데굴데굴 굴리며 익혀서 접시에 내놓는다. 가장 간단하면서도 남자들 술안주에 다시없이 좋은 술안주다.

◈ 매운탕 : 특별한 생선이 필요없다. 그리고 냉동실에는 겨울이면 생태나 운 좋을 때는 삼숙이 같은 매운탕거리가 들어

있기 때문에 언제든 술안주로 매운탕을 끓여낼 수가 있다. 냉동실에 있는 생선 중 아무거나 꺼내서 깨끗이 씻고 무를 먼저 썰어넣고 국물을 끓이다가 생선과 미나리·쑥갓·파·마늘·고춧가루를 듬뿍 넣고는 다시 한 번 끓여내면 시원한 안주찌개가 된다.

새우나 조개류 등도 수산시장에 갈 때마다 조금씩 사다 놓은 것이 있기 때문에 매운탕 찌개에 넣으면 더 맛있다. 없을 때는 그냥 생선만으로 끓여도 맛있다.

시간 없는 주부는 이렇게 해보세요

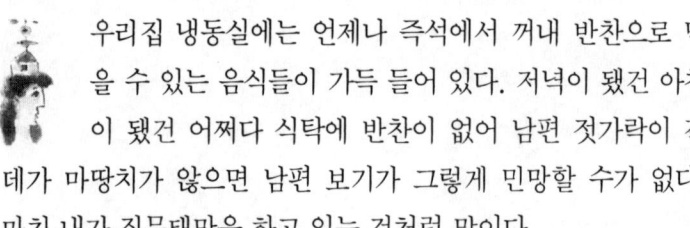

우리집 냉동실에는 언제나 즉석에서 꺼내 반찬으로 먹을 수 있는 음식들이 가득 들어 있다. 저녁이 됐건 아침이 됐건 어쩌다 식탁에 반찬이 없어 남편 젓가락이 갈 데가 마땅치가 않으면 남편 보기가 그렇게 민망할 수가 없다. 마치 내가 직무태만을 하고 있는 것처럼 말이다.

원래 남편은 반찬 투정이 없는 데다가 한 가지만 있어도 맛있게 먹는 사람이라 '까짓껏 한끼쯤이야' 하면서 그렇게까지 내가 미안해 하며 쩔쩔매지 않아도 되는데 이상하게 내 자신이 견디기가 힘들다. 그래서 이런 민망한 경우를 당하지 않으려고 생각해낸 아이디어가 비교적 여유가 있는 시간에 각종 밑반찬을 만들어 냉동실에 넣어두는 방법이다.

우리집 냉동실에는 부침이가 한봉다리, 햄버거 스테이크가 열 개 정도, 뱅어포 고추장으로 발라놓은 것 한 묶음 등등 밑반찬이 항상 가득 들어 있다. 어쩌다 식탁이 허전하다 싶으면 얼른 부침이를 한두 장 꺼내서 후라이팬에 데워 가위로 먹기 좋게 잘라놓고, 그 후라이팬에다가 뱅어포 한두 장 꺼내서 구워 식탁에 올려놓으면 금세 식탁이 푸짐해진다. 아이들이 배고프다고 할 때도 이미 만들어 놓은 햄버거 스테이크를 얼른 꺼내서 지져 준다. 그러면 금방 영양있고 맛있는 식사를 할 수가 있다.

주부들이라면 누구나 그렇게 생각하겠지만 하루 24시간이 결코 넉넉한 시간이 아니다. 살림이라는 게 안 하고 놔두면 그대로 흘러가지만 찾아서 하기로 하면 하루 24시간도 굉장히 빠듯하다.

아무리 일하는 여자라 해도 나는 프리랜서이기 때문에 그래도 다른 취업주부에 비하면 비교적 시간이 넉넉한 편이다. 그러나 취업주부들은 늘 바깥일과 집안일에 치어 정신없이 지낼 것이다. 그럴 때 나와 같은 방법으로 하면 조금은 도움이 될 것 같아 여기 적어 보고자 한다.

장은 일주일에 한 번씩 본다.

나는 일주일에 적어도 한 번, 또는 필요시에는 두 번쯤 장을 본다. 내가 사는 목동에는 금요일마다 가락장이 서기 때문에 금요일 오전이면 어김없이 장바구니를 들고 장을 보러 나선다.

야채도 흙이 묻어 있는 채로 신문지에 말아서 야채실에 보관해 놓으면 일주일 동안은 싱싱하게 먹을 수 있으므로 시금치 두 단, 파 한 단, 각종 버섯류, 그리고 콩나물 같은 나물류를 4봉지 정도는 기본으로 꼭 산다. 그 외에 철에 따라 봄동을 사기도 하고 취나물이나 비듬나물 등 나물류를 사고 상추·미나리·쑥갓 같은 야채들을 산다.

과일은 낱개로 사지 않고 상자로 사다가 시원한 베란다에 보관해 놓고 먹고 싶을 때 수시로 꺼내먹기 때문에 장을 보는 날 과일가게 아저씨에게서 딸기 한 상자, 귤 한 상자를 사갖고 트렁크에 싣는다. 가끔 네 식구 살면서 웬 과일을 박스로 사느냐고 묻는 분들도 있지만 우리 네 식구가 먹어대는 과일이나 야채, 생선, 고기 양이 얼마나 많은지 모른다. 그러니까 수산시장도 일주일에 한 번씩 다녀와야 식탁이 허전하지 않지 어쩌다 한 주라도 거르면 식탁에 놓을 게 없다.

고기는 우리 동네 단골 정육점이 있는데 워낙 오랫동안 그 집만 다녀 고기잡는 날이면 아저씨한테서 전화가 온다. 그러면 나는 총알같이 달려가서 부위별로 이것저것 사다가 냉장고에 넣고(냉동고기를 사는 일은 없다), 좀 장기적으로 먹을 고기다 싶으면 그것만 냉동실에 넣어둔다.

이렇게 야채 및 과일 고기 등 장을 보고 나면 일주일 동안 먹을 음식이 충분해진다. 나는 금요일에 장을 보지만 취업주부들은 시간이 나는 토요일 오후나 일요일에 장을 보면 될 것이다.

【우리집 냉동실에 들어 있는 음식들】

1. 고기류
우리집 냉장고엔 항상 양지머리·아롱사태·제비추리·차돌백이·등심·채끝살 등 부위별로 같은 고기는 고기대로 덩어리째 사다가 보관해 놓는다. 그래서 고기가 먹고 싶은 날이면 그날그날 기호에 따라서 차돌백이를 구워먹기도 하고 등심으로 로스구이를 해먹기도 한다.

하다못해 된장찌개를 끓이거나 김치찌개를 끓일 때도 나는 사태고기를 넣고 끓이기 때문에 소고기를 항상 부위별로, 그리고 요리하기 좋게 한 100그램 정도의 단위로 잘라서 낱개로 포장해서 넣어둔다.

2. 건어물류

국수 국물을 끓일 때는 다시마나 멸치국물로, 그리고 오뎅국은 가다랭이로 국물맛을 내므로 가다랭이도 냉동실에 보관해 놓고 필요할 때 꺼내서 사용한다.

그 외에도 건어물 종류로 냉동실에 보관해 놓고 쓰는 것이 멸치·뱅어포·말린 새우, 때로는 김도 냉동실에 밀폐해서 보관해 놓고 장기적으로 먹는 경우가 있다.

3. 생선류

되도록이면 신선한 채로 먹는 것을 좋아하지만 생선은 워낙 상할 소지가 있으므로 요리하기 좋게 한두 도막씩 랩에 싸서 보관되어 있다.

생태나 삼숙이·청어·옥돔·도루묵 등을 넣어놓고 꽁치·고등어 등 등푸른 생선은 신선도 문제로, 또 사기 쉽기 때문에 그때그때 싱싱한 것으로 사서 쓴다.

그리고 아이들 간식용으로 튀겨줄 새우나 오징어는 강원도 등을 놀러갔다 올때 산 것으로 구입해서 집에서 냉동시켜 놓고 언제든지 튀김용으로 꺼내먹는다.

4. 양념류

마늘도 요리할 때 그때그때 껍질을 까고 찧어서 사용하려면 시간이 많이 걸리므로 한 번에 많이 갈아 놓고 양념 그릇에 넣어 냉동실에 보관해 둔다. 그리고 깐 마늘도 고기를 구워먹을 때 쓰기 위해 냉장실에 조금씩 보관해 둔다. 마늘은 해동이 빨리 되기 때문에 얼어서 딱딱하게 보여도 숟갈로 조금만 건드리면 떨어지고 또 특유의 맛이나 향기도 변질되지 않아 겨울철처럼 마늘을 장기간 보관하기 나쁜 때에는 이렇게 냉동실에 넣고 장기적으로 쓰고 있다.

냉동된 마늘을 숟가락으로 떼면 딱 필요한 만큼 떼어지지 않아서 남거나 모자라 약간 비경제적일 수가 있는데, 랩을 평평하게 펴놓고 거기다가 찧어논 마늘을 쫙 펴서 납작하게 부침이처럼 그렇게 냉동실에 보관해 놓고 필요한 만큼 가위로 잘라서 랩만 벗기고 사용하는 것을 보고는 참 좋은 방법이다 싶었다.

5. 반찬류

① 부침이 : 시간있을 때 김치나 호박, 오징어나 낙지 등 해물을 적당히 섞어 한 20장쯤 부침이를 부친다. 하루 정도는 냉장실에 보관하지만 장기적으로 보관해서 반찬으로 먹으려면 1회용 비닐에 싸서 냉동실에 넣어놓는다. 그리고 식

탁에 반찬이 없다고 생각할 때마다 몇 장씩 꺼내서 후라이팬에 금방 데워서 식탁에 올린다.
② 뱅어포 : 고추장에다 마늘·파·후추·참기름·설탕을 넣고 맛있는 고추장 양념을 만든다. 단 이때 식초는 아주 조금만 넣는다. 초고추장처럼 만들면 맛이 없기 때문이다.

뱅어포를 가위로 반 잘라놓고 숟갈로 양념 고추장을 발라서 재운다. 쿠킹호일에 꼭꼭 싸서 냉동실에 넣어두었다가 석쇠에 굽거나 후라이팬에 구워서 밑반찬으로 내놓는다. 생전 고추장이 얼지도 않고 뱅어포 한 봉지 정도 사서 이렇게 보관해 두면 한 달은 충분히 먹을 수 있다.
③ 햄버거 스테이크 : 아이들 간식으로도 그렇고 반찬 없을 때 햄버거 스테이크를 예비로 만들어 두었다가 튀겨서 소스만 없으면 근사한 양식 식탁이 될 수가 있다.

나는 만들 때면 채끝살 같은 맛있는 부위로 한 두 근쯤 넉넉히 만든다.

갈은 채끝살에 호박·양파·표고버섯·피망 등 야채를 아주 작게 다져서 소금·후추·파·마늘·참기름 등을 넣고 식빵 한 네 장 정도를 분쇄기로 갈아 빵가루를 만들고 계란 한 다섯 개 정도를 깨넣고 커다란 양푼에 담아 충분히 버무린다. 그런 다음 손바닥 크기 정도로 빚어서 랩에 하나씩 싸서 냉동실에 보관해 놓는다.

소고기 두 근이면 햄버거 스테이크가 한 15개 정도 나온다.

행복이 가득한 부엌!

우리집에는 전기밥솥이 없다

오후 6시!〈지금은 라디오 시대〉클로징 멘트가 끝나자마자 입으로는 스탭들에게 "수고하셨습니다." 인사를 하면서 몸은 벌써 스튜디오를 빠져나온다. 아이를 봐주러 수원에서 온 동생을 돌려보내야 하는 시간이기도 하지만 무엇보다도 빨리 들어가서 서둘러 저녁 준비를 해야 하기 때문이다.

여의도 MBC에서 목동 집까지는 평균 한 30분 정도 걸린다. 차 안에서 신호등을 보고 운전을 하면서도 머릿속으로는 오늘 저녁식단에 올릴 메뉴를 짜느라 한창이다.

'그래, 오늘 저녁엔 준영이가 좋아하는 제육볶음을 해 먹을까?'

'아니야, 남편이 좋아하는 황태국이 어떨까?'

'생선은 고등어가 좋을까? 아니야, 아침에 고등어 조림을 먹었으니까 꽁치를 구워먹는 게 좋겠지!'

'나물은 뭘로 무치지?' 등등.

집에 도착하면 문을 열자마자 준영이, 진영이가 "엄마!" 하고 가슴을 파고든다. 서너 시간 동안 떨어져 있던 아이들의 그리움을 달래주느라 잠시 한 번씩 안아주고는 옷을 갈아입을 틈도 없이 그냥 그대로 부엌으로 쏜살같이 들어간다.

앞치마 두를 틈도 없이 우선 쌀부터 씻어 돌솥에 앉히고 그 다음부터 국거리, 생선, 나물 등 냉동실, 냉장고에서 꺼내 아까 차 안에서 생각한 대로 요리하기 바쁘다.

밥이 되는 동안 생선은 브로일라 안에서 적당히 구워지고 국은 그날그날 한 냄비 끓이고 나물은 낮에 시간 있을 때 다듬어 놓은 것을 씻어서 데치고 무치고……. 식사 준비를 하는 동안 우리집 부엌에는 보글보글 밥 끓는 소리, 신나게 도마질하는 소리, 흐르는 물소리 등 맛있는 소리들로 가득해진다.

밥을 앉힌 지 한 30분쯤 지나면 돌솥에서 누룽지 익어가는 구수한 냄새가 퍼지기 시작한다. 그즈음이면 생선도 노릇노릇하게 맛있게 구워져 있고 국이나 반찬도 식탁에 올려져 있다.

남편의 귀가 시간은 보통 7시에서 7시 30분 정도! 우리집 대장인 남편이 들어오면 언제든지 식사할 수 있도록 완벽하게 준비된 식탁에서 식구 모두가 둘러앉아 저녁을 먹는다.

하지만 사실 요즘은 남편없이 우리끼리 저녁식사할 때가 더 많다. 원래 스튜디오 카메라맨이던 남편이 요즘은 ENG로 옮겨 촬영 스케줄이 불규칙한 관계로 밤늦게 귀가할 때가 많아져 버

행복이 가득한 부엌!

렸기 때문이다. 하지만 남편이 없어도 아이들 저녁 먹는 시간은 규칙적으로 지켜야 하기 때문에 시간을 어길 수가 없다.

가끔씩 비어 있는 남편의 자리를 보면서,
"이 따뜻한 음식을 같이 먹으면 참 좋을텐데."
하는 아쉬움에 젖는다. 언젠가 내가 친한 언니한테 이런 말을 했더니 언니가 그런다.

"요즘 남편하고 같이 저녁식사 하는 가족이 얼마나 된다고. 아니, 그리고 넌 남편이 없는 것도 아니고 무슨 그런 청승맞은 생각을 하니? 그리고 이따가 오면 밥상 안 차려줄 너니? 한밤중이 아니라 새벽에도 밥상 차려주는 데는 선수면서 뭘 그래?"

하지만 음식이란 무조건 금방 만들었을 때 먹는 것이 맛있다는 지론을 갖고 있는 나로서는 조금이라도 더 맛있을 때 먹는 것을 원한다. 내가 밥을 지을 때 끼니마다 돌솥에다 짓는 것도 사실은 그런 이유에서다.

나 역시 전기밥솥에 하루분씩 해놓고 만들어 놓은 반찬 냉장고에서 꺼내서 먹게 하면 간편하다는 것을 왜 모르랴. 하지만 그렇게 먹으면 식사를 하는 의미, 밥 먹는 의미를 잘 못 느끼는 것은 물론 또한 맛있게 먹을 수도 없기 때문이다.

나는 한 끼의 밥을 먹는 것도 중요한 교육이 된다고 생각하는 사람이다. 그래서 대충 얼버무려서 때운다는 식으로 넘기는 것을 용납할 수가 없다.

사실 결혼하고 7년 동안 우리집엔 전기밥솥이 없다. 전기밥솥은 물론이요, 보온밥통도 없다. 하다못해 김치 한 가지만 놓고 밥을 먹어도, 아니 고추장으로 비벼서 먹어도 찬밥이 아니고

따끈따끈한 밥으로 먹으면 아주 맛나게 먹을 수가 있다. 찬밥의 경우는 아무리 국이 뜨겁고 맛나는 반찬이 있어도 확실히 맛이 떨어진다. 그런 이유로 나는 절대 찬밥을 밥상에 올리지 않는다.

하지만 요즘처럼 바쁜 세상에 어떻게 끼니마다 밥을 할 수 있냐고 물어오는 주부들이 있다면 내 방법대로 한 번 해보라고 권하고 싶다. 아마 몇 번만 해보면 절대 귀찮지 않다는 것을 알게 될 것이다.

돌솥에다 밥을 지으면 한 30분 정도 걸리는데 더 빨리 밥을 짓고 싶으면 압력밥솥을 이용해도 된다. 돌솥에 밥을 짓는 이유는 우리 식구가 워낙 누룽지를 좋아해 밥뿐 아니라 누룽지까지 구수하게 끓여서 먹기 위해서이다. 그렇지 않은 분들은 압력밥솥에 하면 15분이면 다 된다.

게다가 미리 쌀을 담가서 불릴 필요도 없다. 겨울 같은 때에는 미리 담갔다가 해먹어도 상하지 않지만, 여름에는 아침밥 지으려고 저녁에 미리 담가두었다가 혹 아침에 그 쌀로 밥을 짓지 못하면 쉬어서 그냥 버려야 한다. 그러나 돌솥이나 압력밥솥에 밥을 하면 워낙 천천히 뜸이 들기 때문에 미리 쌀을 불려야 할 필요가 없다.

그리고 매 끼니마다 어떻게 정확히 식구들 먹을 밥 양을 맞추냐고, 남을 때도 있지 않냐고 궁금해 하는 분도 계실텐데 간혹 찬밥이 생기면 점심 때 아이들 볶음밥을 해주거나 한다. 혹 외식을 했을 때라도 아침에 한 밥은 절대 다음 날까지 먹는 법이 없다. 그 밥은 모아서 비닐 봉투에 담아 냉동실에 보관했다가 친정집에 보낸다.

  웬 친정집? 하실 테지만 수원에 있는 친정에는 개가 무려 15마리나 있는 강아지 농장이다. 물론 〈101마리 달마시안 농장〉보다는 못하지만 워낙 친정 엄마가 개를 좋아하기도 하고 이상하게 길거리를 헤매던 개들도 저절로 들어오고, 또 성당에 다니는 자매나 형제분들이 기르던 개를 맡아달라고 맡겨오기 때문에 이럭저럭 늘어난 숫자가 무려 15마리나 된다.

  그래서 찬밥은 물론 먹다 남은 생선 뼈다귀 하나 버리지 않고 냉동실에 보관했다가 친정으로 보내야만 한다. 그 덕분에 음식 찌꺼기를 많이 줄일 수 있고 혹 남은 음식에 대한 걱정도 덜게 되어 다행이다.

국이나 찌개 끓이기

 국이 없으면 절대 순가락을 들지 않는 남편도 있다지만 우리집 남편 맹씨는 국이 됐든 찌개가 됐든 어느 한 가지만 있으면 무조건 맛있게 먹는다. 그래서 특별히 신경 쓸 필요는 없지만 문제는 나다.

결혼해서 지금까지 지켜지고 있는 나만의 철칙이 있는데 아침 식탁에 국을 올렸으면 저녁에는 반드시 색다른 찌개를 올린다든가, 혹 다시 국을 올리더라도 절대 아침에 먹던 국을 저녁에 다시 올리는 일은 내 사전에 없다.

어떤 주부든 국과 찌개를 하루에 한 차례 이상씩 당연히 끓이겠지만 나는 이런 유별난 철칙 때문에 매일 국과 찌개를 번갈아가며 두 번 이상 끓인다.

그러다 보니 이제는 국이나 찌개의 양도 딱 한 끼분씩 알맞게 끓이는 것은 물론이요, 양념도 정확하게 양을 맞추어 넣어서 간을 안 봐도 정확한 맛을 내는 도사가 되었다.

나물을 무칠 때도 결혼 초기에는 무치는 동안 몇 번씩이나 간을 봤지만 이제는 나물의 양만 봐도 파 얼마, 마늘 얼마, 조미료 얼마 하는 식으로 한 번에 넣고 완제품을 만들어낸다. 물론 그것들을 맛볼 필요도 없다. 거의 백발백중 간이 정확하게 맞으니까 말이다.

다른 집들도 다들 국이나 찌개는 맛있게 끓여 먹을텐데 우리 집 국이나 찌개 메뉴를 소개하자니 웃으실 분이 있을 것 같아 걱정도 된다. 하지만 그냥 최유라식 메뉴이거니 하고 참고로 하시기 바란다.

1. 소고기 무국
- 재료 : 양지머리, 무, 황태머리, 파, 마늘, 국간장, 소금.
- 방법 : ① 먼저 커다란 냄비에 물을 넉넉히 붓고 양지머리 한 덩이와 무를 썰지 않고 덩어리째 넣는다. 미리 썰어서 넣으면 왠지 맛이 떨어지기 때문에 나는 꼭 덩어리째 넣는다.
  ② 그리고 술국으로 끓이고 남은 황태머리 부분만 떼어내어 깨끗이 씻어서 국물이 충분히 우러날 때까지 푹 삶는다.
  ③ 어느 정도 일 차 끓었다 싶으면 물러진 고기와 무우를 꺼내서 칼질을 한다.
  ④ 썰은 고기와 무를 다시 끓고 있는 국물에 넣고 국간장을

약간(색깔만 나도록) 넣고 소금간을 해서 한소끔 더 끓인다.

⑤ 한번 더 끓고 나면 파와 마늘을 넣고 끓인 다음 먹는다. 조미료를 넣지 않아도 황태의 구수한 맛이 국물에 배어 깊은 맛이 우러난다.

최유라식 조리 포인트

꼭 고기와 무를 덩어리로 넣고 끓여야 한다.

---

2. 육개장

◆ 재료 : 양지머리 1근, 고사리, 숙주나물, 토란대, 느타리버섯, 대파, 고춧가루, 식용유, 마늘, 후춧가루, 들깨가루, 깨소금, 간장 등 각종 양념.

◆ 방법 : ① 먼저 커다란 곰솥에 양지머리를 덩어리째 넣고 서너 시간 정도 고기가 익을 때까지 푹 끓인다.

② 다 익으면 고기는 건져서 먹기 좋게 결대로 찢는다.

③ 고사리, 숙주, 토란대, 대파, 버섯 등을 뜨거운 물에 살짝 데쳐낸다.

④ ②와③을 각각 따로따로 파, 마늘 등 각종 양념 및 들깨가루와 국간장 그리고 참기름은 향기만 날 정도로 넣어서 버무린다.

⑤ 커다란 냄비를 불에 뜨겁게 달군 다음 식용유를 넣고 고

춧가루를 넉넉히 풀어 타지 않도록 고추기름을 낸다.
⑥ 그 안에 양념된 ④를 넣고 버무리다가 ①의 육수를 붓고 3~4시간 푹 끓인다.
⑦ 소금간으로 맛을 내면 된다.

> **최유라식 조리 포인트**
> 각종 재료들을 양념에 무쳐서 끓여야 맛있다.

3. 북어국

◆ 재료 : 황태 1마리, 쇠고기 한 덩어리, 국간장, 참기름, 파, 마늘, 계란 1개, 두부.

◆ 방법 : ① 먼저 황태를 방망이로 부드러워질 때까지 두드린다.
② ①을 결대로 쪽쪽 찢어 놓는다.
③ 소고기와 황태머리를 덩어리째 넣고 육수물이 우러나도록 푹 끓인다.
④ 빈 냄비에 기름을 약간 두르고 먹기 좋게 찢어논 황태를 참기름에 달달 볶는다.
⑤ ④에 육수를 붓고 국간장을 넣어 푹 끓인다.
⑥ 우윳빛으로 우러나면 소금 간, 파, 마늘 및 두부를 넣고 한 번 더 끓인다.
⑦ 가스 레인지 불을 끄고 나서 풀어놓은 계란을 끼얹는다. 이때 끓고 있을 때 계란을 풀어넣으면 두껍게 몰리지만

불을 끈 후 넣으면 얇게 골고루 잘 퍼진다.

최유라식 조리 포인트

황태를 부드럽게 될 때까지 두들겨 패야 제 맛이 난다.

4. 콩나물국

◈재료 : 왕멸치, 콩나물, 파, 마늘.

◈방법 : ① 우선 왕멸치를 넣고 국물 다시를 낸다. 우리집은 멸치가루를 넣고 끓이는데 없는 집은 왕멸치로 국물 다시를 내도 된다.

② 끓은 국물에 깨끗하게 씻어논 콩나물과 파, 마늘을 한꺼번에 넣고 소금 간을 해서 깔끔하게 끓인다.

최유라식 조리 포인트

꼭 멸치 국물로 끓여야 한다.

5. 배추된장국

◈재료 : 배추(껍데기 부분만 모아서 써도 된다), 쇠고기, 된장, 들깨, 파, 마늘 등.

◈방법 : ① 쇠고기로 육수물을 끓여놓는다.

② 배추는 끓는 물에 삶아 건져서 물기를 꼭 짠다.
③ ②에 된장을 넣고 파, 마늘, 들깨가루 등을 넣어 조물조물 무친다.
④ 끓여논 육수물을 부어서 푹 끓인다.

> 최유라식 조리 포인트
>
> 배추를 그냥 물에 넣지 말고 미리 된장에 무쳐서 끓여야 한다. 쇠고기 대신 멸치로 끓여도 맛이 난다.

6. 감자탕

◆ 재료 : 소갈비(돼지고기 등뼈나 잡뼈를 써도 좋은데 남편이 돼지고기를 싫어해서 할 수 없이 소갈비로 한다), 감자 3알 정도, 표고버섯, 양파, 풋고추, 대파, 마늘, 고추장, 들깨가루 등.

◆ 방법 : ① 우선 소갈비를 사다가 끓는 물에 살짝 삶아낸다. 그런 후 기름을 떼어내고 깨끗이 씻는다.
② ①을 깨끗한 새 물에 넣고 흐물흐물해질 때까지 3~4시간 푹 끓인다.
③ 감자는 3알 정도 통통한 걸로 골라서 깨끗하게 씻어놓는다(통으로 넣어서 삶는 분도 계신데 나는 반으로 자른다).
④ 흐물흐물해진 갈비만 건져내서 표고버섯, 양파, 풋고추 대파, 마늘, 들깨가루를 넣고 고추장과 국간장을 넣어

맛있게 무친다.

⑤ 양념한 갈비와 감자를 푹 끓여놓은 국물에 넣고 다시 한 번 푹 끓여서 먹는다.

7. 콩비지찌개

우리집은 자주 해 먹는 편은 아니기 때문에 직접 비지를 만드는 게 번거로워서 사다가 해 먹는다.

직접 만들면 더 맛있지만 시장에서 할머니들이 파는 것도 맛있는 것 같아서 콩비지는 직접 만들지 않는 편이다.

하지만 집에서 가끔 만들면 콩비지로 쓰고 남은 찌꺼기는 부침이를 만들어 먹으면 너무 맛있다.

◆재료 : 콩비지 적당량, 소갈비, 신김치, 양파, 대파, 풋고추, 고춧가루, 새우젓.

◆방법 : ① 소갈비로 육수를 낸다.

② 콩비지에다 신김치 송송 썬 것을 넣고 양파, 파, 풋고추 등을 넣고 나서 육수를 붓고 맛있게 끓인다.

③ 고춧가루를 넣고 마지막으로 새우젓으로 간을 해서 먹으면 맛이 더 나는 것 같다.

8. 순두부찌개

◆재료 : 순두부, 쇠고기 약간, 조개, 버섯, 호박, 고춧가루, 계란 1개, 파, 마늘 등 각종 양념.

◆방법 : ① 뚝배기에 쇠고기(사태)를 송송 썰어서 마늘과 고춧가루를 넣고 볶는다.

② 물을 부은 다음 조개를 넣고 끓인다.
③ ②에 버섯, 호박, 파, 양파, 풋고추 등을 넣고 간간하다 싶을 정도로 간을 한다. 자연스럽게 고추기름이 생긴다.
④ ③에 순두부를 얹고 그 위로 달걀 하나 깨뜨려 얹으면 된다.

9. 된장찌개

◆ 재료 : 된장, 양파, 파, 풋고추, 감자, 표고버섯, 쇠고기(사태)약간, 마늘, 고춧가루, 호박.
◆ 방법 : ① 사태를 썰어 볶는다. 다 볶아진 후에 물을 붓고 감자를 미리 넣고 끓인다.
② 끓는 물에 된장을 풀고 멸치가루를 넣어 더 끓인다.
③ ②에 양파, 풋고추, 파, 표고버섯, 호박 등을 넣고 다시 한 번 팔팔 끓인다.
④ 마지막에 고춧가루를 넣으면 된장과 어울려 칼칼한 맛이 아주 일품이다.

10. 갈비탕

◆ 재료 : 갈비, 당면, 국간장, 양념.
◆ 방법 : ① 사 온 갈비를 하루 전날 담궈 핏물을 뺀다.
② 기름은 가위로 다 잘라낸 뒤 한 번 드르륵 삶아버린다.
③ 깨끗하게 새 물을 붓고 국간장으로 간한 뒤 푹 끓여낸다. 그런 후에 국간장으로 색을 내고 소금으로 간한다.
④ 마늘, 파 등 양념을 넣고 당면을 넣어 먹는다. 당면 대신

소면을 넣어도 좋다.

> **최유라식 조리 포인트**
>
> 당면은 좀 오래 익혀야 하고, 소면은 쫄깃한 맛을 잃지 않게 잘 삶아야 한다.

11. 도가니탕

◆ 재료 : 도가니, 국간장, 양념.

◆ 방법 : ① 도가니도 핏물이 쏙 빠지게 하루 전날 담궈둔다.
② 기름을 가위로 다 잘라낸 뒤 한 번 드르륵 삶아서 버린다.
③ 깨끗하게 새 물을 붓고 푹 끓여낸다.
④ 진간장에 식초 조금 넣고 파, 마늘, 고춧가루, 설탕을 넣고 레몬즙을 떨어뜨려 소스를 만든다.

> **최유라식 조리 포인트**
>
> 소스를 어떻게 만드느냐에 따라 맛이 달라지므로 소스를 신경써서 잘 만들어야 한다.

행복이 가득한 부엌!

요리가 즐거운 여자!

사람들이 나에게 취미가 뭐냐고 물어오면 아마 나는 '요리'라고 답할 것 같다. 왜냐하면 나는 요리 하는 걸 스스로 아주 재미있어 하고 간혹 잡지를 봐도 요리면은 꼭 들여다보기 때문이다.

나는 요리책이 여느 다른 책을 읽을 때보다 더 재미있게 느껴진다. 각종 요리책을 들여다보고 있으면 소개된 조리법 외에도 다른 창작 요리가 내 머릿속에서 만들어지기도 하고 입 안에 맛있는 군침이 돌면서 '이거 오늘 저녁에 해 먹어야지.' 하는 생각에 절로 행복해진다.

한 가지 재료만 갖고도 약간만 변형을 하면 갖가지 다른 맛이

나는 음식이 만들어진다는 게 정말 신기하기도 하고 그렇게 재미있을 수가 없다. 어렸을 때부터 엄마가 만들어준 음식을 먹다가도 어떤 양념이 빠졌는지 또 어떤 양념이 덜 들어갔는지 금방 알아맞출 정도로 미각이 발달되기도 했지만, 삶고 끓이고 볶고 지지고 하는 작업이 이상하게도 하면 할수록 새록새록 재미있고 신나게 느껴진다.

물론 먹는 것에도 관심이 많다. 아마 먹는 것에 관심이 없다면 요리하는 것을 좋아할 리 없었을 테니까 말이다. 그래서 영화를 볼 때도 요리에 관한 영화는 빼놓지 않고 거의 다 본다. 〈금옥만당〉이나 〈바베트의 만찬〉 같은 영화를 보면 영화 내용보다도 그 안에서 만들어지는 요리에 넋을 뺏길 정도니 알 만하지 않은가? 아마 내가 다른 것을 할 줄 아는 게 없었다면 요리사가 되지 않았을까 싶다.

어떤 사람들은 야채를 다듬고 생선을 토막내고 포뜨는 일들을 아주 싫어하는 경우도 있는데, 나는 그런 작업들을 신나게 한다. 그래서 도마질에 힘이 들어가고 발걸음도 가볍게 부엌을 오가며 이런저런 음식들을 만들고 사랑하는 가족들에게 그것을 먹이고 싶어 안달을 피우는 것이다.

하긴 만약 나에게 사랑하는 가족들이 없다면 아마 그렇게 신나하며 도마질을 하지는 않을 것이다. 내 요리를 먹으며 맛있다고 칭찬해 주는 남편과 아이들! 바로 그런 가족들이 있기 때문에 요리가 더욱 즐거운 것일게다.

내가 요리를 하는 데 가장 중요하게 생각하는 것은 최고의 재료를 선택한다는 점이다. 최고의 재료가 가진 자연의 그 맛과

행복이 가득한 부엌!

향을 최고로 살리면서 최대로 맛있게 먹을 수 있는 그런 요리법을 택하는 것이다.

그래서 신선한 재료를 사기 위해 일주일에 한 번씩 수산시장을 다녀오고, 정육점에도 고기잡는 날 들어온 고기를 사기 위해 아저씨에게 특별 부탁을 해놓는 등 유난 아닌 유난을 떤다.

때문에 내가 친하게 지내는 사람은 아파트 아래위층에 사는 주부들이 아니라 바로 우리 동네 시장에서 야채 파는 아줌마나 단골 정육점 아저씨다.

지금은 아이들도 아직 어리고 방송일도 있기 때문에 따로 시간이 없어 엄두를 못내고 있지만, 만일 시간이 허락한다면 문화센터에 나가 교양 강좌를 듣기보다는 요리 학원에 가서 궁중 요리나 빵, 과자, 케이크 등을 만드는 그런 요리를 배워보고 싶다.

인스턴트를 안 먹이는 게 내 철칙인데 사실 빵이나 과자도 사서 주는 것보다 내가 직접 만들어서 먹이는 게 안심도 되고 좋을 것이다. 하지만 안타깝게도 나는 도너츠 만드는 것 이외엔 빵이나 과자를 만들 줄 모른다.

하루 빨리 한가해지는 시간이 왔으면 좋겠다. 그러면 만사 제쳐놓고 나는 요리 학원부터 등록할 것이다. 그래서 각종 맛있는 요리들을 마술사처럼 만들어볼 생각이다.

사랑이 가득한 부엌 만들기

나에게 작은 꿈이 있다면 우리집 부엌을 사랑이 가득한 공간으로 만들고 싶은 것이다. 지금 우리가 사는 집은 전세라 남의 집을 내 마음대로 편하게 부엌 구조를 바꿀 수도 없거니와 인테리어도 물론 전혀 손을 댈 수가 없다. 하지만 진짜 우리집을 사서 이사하게 되면 다른 곳은 몰라도 부엌만큼은 내가 구상하고 있는 대로 꾸며보려고 한다.

〈301, 302〉란 영화를 보니까 나처럼 요리가 취미인 방은진 씨가 부엌 인테리어를 기막히게 해놓고 요리를 하는 장면이 자주 나온다. 물론 나는 남들에게 보이기 위한 그런 멋있는 부엌을 원하는 것은 아니고 내가 요리하는 데 필요한 그릇이나 기구들을 갖추어 놓고 그 안에서 된장찌개도 끓이고 우리 아이들과 함께 과자나 빵을 구을 수도 있는 그런 부엌을 갖고 싶은 것이다.

그리고 영화 속 방은진 씨 부엌에는 무엇보다도 가장 중요한 사랑이 빠져 있지만 우리집 부엌은 사랑이 가득한 공간으로 채우고 싶다. 남편과 차 한잔을 사이에 두고 충분히 대화도 나누고 그리고 우리 아이들도 엄마와 이야기를 할 수 있는 그런 장소로 만들고 싶다.

단지 육체적인 영양만 공급하는 부엌이 아니라 사랑을 주고 받는 진정한 부엌으로 말이다.

별미나 간식으로 해먹는 음식들

1. 오향장육

원래는 돼지고기로 만드는 음식이지만 우리 식구가 워낙 돼지고기를 좋아하지 않는 관계로 우리는 소고기로 만들어 먹는다. 오향장육은 차가울 때 먹는 게 별미다.

◆ 재료 : 아롱사태(800g~1Kg), 팔각 1개, 천초(산초)1t, 설탕 2티스푼, 정종 1티스푼, 물 6컵, 간장 3/4컵, 소금 1/2t, 생강 4편, 마늘 1통, 파 1뿌리.

◆방법 : ① 아롱사태를 덩어리째 실로 꽁꽁 묶는다.
② ①을 끓는 물에 그냥 한 번 튀긴다.
③ 재료로 준비되어 있는 오향장에 처음부터 사태를 넣어서 2시간 가량 중약 정도의 불에 조린다.
④ 다 된 후에는 고기를 꺼내지 말고 그대로 식힌 다음 냉

장고에 하루쯤 재운 후 얇게 썰어서 먹는다.

최유라식 조리 포인트

오향장을 만들 때 제대로 맛과 향이 나게 만드는 게 가장 중요하다.

2. 탕수육

아이들 간식으로 먹거나 튀김 대신 튀겨놓고 오가며 집어먹는 우리집 음식으로 탕수육 소스 대신 케첩을 찍어 먹거나 아니면 브라운 소스에 찍어 먹기도 한다.

- ◈ 재료 : 쇠고기, 파, 마늘, 후추, 계란, 양파, 밀가루, 녹말가루, 식용유.
- ◈ 방법 : ① 쇠고기를 얇게 썰어서 소금, 후추 및 파, 마늘로 간을 해놓는다.
  ② 양파는 가늘게 채치고 다져서 놓는다.
  ③ 녹말가루를 걸쭉하게 반죽을 한다. 이때 양파 채친 것을 같이 넣고 반죽한다.
  ④ 재어놓은 소고기를 반죽옷을 입혀 기름에 튀긴다.
  ⑤ 다 된 탕수육을 야채와 곁들여 내놓는다.

최유라식 조리 포인트

양파를 같이 넣고 반죽하는 것이 중요하다.

3. 닭튀김

아이들이 자랄 때 살이 붙는 음식으로 소고기보다는 돼지고기나 닭고기가 좋다고 한다. 우리집은 워낙에 돼지고기는 제육볶음이나 한 번 해먹을까 거의 안 해먹는 편이라 일부러 닭튀김을 많이 해서 먹였다.

- ◆재료 : 닭다리 또는 닭날개, 양파, 후추, 밀가루.
- ◆방법 : ① 닭다리나 닭날개에 칼집을 넣은 뒤 후추를 뿌린다.
  ② 후추 뿌려둔 ①을 오후쯤에 튀기는데 소금으로 약간 간을 맞춘 후 튀긴다.
  ③ 양파를 곱게 다져서 밀가루에 섞어서 튀김옷을 하면 향도 있고 깔끔하다.

4. 새우튀김

탕수육이나 닭도 좋지만 새우나 오징어 같은 해물튀김이 아이들 영양식에 좋다고 해서 자주 해먹이는 우리집 간식이다.
새우보다 오징어는 만들기가 더 간단하고 비용도 저렴하다.

- ◆재료 : 대하 큰 것 20마리, 밀가루, 소금, 후추, 튀김기름.
- ◆방법 : ① 새우는 껍질을 까서 등 쪽으로 칼집 넣어 잘라보면 실오라기 같은 내장이 있다. 그 내장만 걷어낸다.
  ② 소금 후추로만 약간 간을 한 뒤에 밀가루를 입힌다.
  ③ ②에 계란을 입히고 빵가루를 묻혀서 기름에 튀겨낸다.

최유라식 조리 포인트

새우 내장을 조심스럽게 잘 걷어내야 한다.

5. 고추잡채

피망이나 부추를 써도 된다. 나는 주로 피망으로 해먹는다.

중국집에 가면 고추잡채는 별 것 아닌 것처럼 보이는데 값이 너무 비싸 사먹기엔 억울한 느낌이 들어서 가끔 집에서 만들어 먹는다.

중국집에서는 흰빵이 나오지만 빵까지 만들 수는 없어 속이 안 들은 호빵이나 보리빵 같은 것을 사다가 쪄서 같이 먹으면 맛있다.

- ◈ 재료 : 피망 5개, 소고기, 각종 양념, 호빵.
- ◈ 방법 : ① 피망을 반을 가른 뒤 엎어놓고 채치듯이 가로로 얇게 썬다.
  ② 소고기도 길쭉하게 얇게 썰어서 불고기 양념을 한다.
  ③ 후라이팬을 적당히 달군 다음 먼저 피망을 넣고 볶다가 소고기를 넣고 살짝 볶아낸다.
  ④ 호빵과 함께 먹는다.

최유라식 조리 포인트

소고기를 최대한 얇게 썰고, 볶을 때 국물이 나오지 않게 해야 한다.

6. 샤브샤브

많은 양의 고기를 담백하게 먹을 수 있고 또 야채도 듬뿍 먹을 수 있어 다이어트에도 좋은 요리라 생각한다.

　소스는 일반 가정집에서 만들기 약간 어렵다고 생각하면 수입 식품 코너에서 들깨 소스나 간장 소스 중 입맛에 맞는 것을 선택해서 사다 먹어도 된다.

　우리 식구는 들깨 소스를 좋아해 들깨 소스로 산다.

- ◈ 재료 : 샤브샤브 고기, 새우, 배추, 팽이, 느타리, 송이 표고 등 각종 버섯류, 새우, 깻잎, 양파, 실파, 곤약, 다시마, 각종 양념, 샤브샤브 소스.
- ◈ 방법 : ① 다시마물을 펄펄 끓인다.
  ② 각종 재료들을 먹기 좋게 채썰어 놓는다.
  ③ 고기와 야채 등을 끓는 물에 넣어서 잠깐 익힌 뒤 건져서 소스에 찍어 먹는다.
  ④ 준비된 재료를 다 먹고 나면 새우까지 데쳐먹은 물이기에 너무 맛있다. 거기다가 김치 송송 썰어넣고 국수 넣고 파, 마늘, 고춧가루를 넣고 끓여 국수를 먹는다.

7. 스끼야끼

　샤브샤브와는 또 다른 맛으로 약간 단 음식을 좋아하는 식구들에게 어울리는 음식이고 우리 식구는 아이들이 좋아해 가끔 별미로 해먹는다.

- ◈ 재료 : 소고기, 버섯, 깻잎, 양파 등 각종 야채.
- ◈ 방법 : ① 다시마물을 펄펄 끓인다.
  ② 끓인 다시마물에 국간장, 설탕, 소금으로 자작하게 되도록 간을 한다.

③ 고기는 약간 두껍게 썰어도 된다.
④ 고기와 각종 야채를 넣고 한꺼번에 끓인 뒤 익혀서 계란 소스에 찍어 먹는다.

최유라식 조리 포인트

달짝지근하게 만들어 먹어야 맛있다. 계란 소스는 그냥 접시에 계란을 풀어서 먹으면 된다.

넷

모유로 키웠어요!

내 남편 맹씨는 프로 육아 선수

내 주위에는 나처럼 가정을 갖고 일을 하는 엄마들이 많다. 같은 방송국 내에서 일을 하는 작가도 그렇지만 PD들도 애기 엄마가 많은 편이다.

그래서 저녁 시간만 되면 놀이방 문 닫는 시간에 늦지 않으려고 쏜살같이 달려가거나 아니면 집에 일찍 들어가 친정 엄마나 파출부 아줌마에게 아이를 인계받아야 한다며 동동거리는 엄마들을 많이 볼 수 있다.

나만 해도 아이들 때문에 절대 저녁 약속은 안 하는, 아니 못 하는 편이지만 그래도 일을 하는 사회 생활이 있는 여자인지라 저녁 약속마다 매번 빠질 수도 없고 일방적으로 내 형편만 내세울 수 있는 처지도 아니어서 가끔은 저녁 약속에 참석할 때가 있다.

동아 케이블 TV의 〈엄마사랑 아가사랑〉을 진행할 때였다. 한 번은 팀 전체가 모여서 저녁 회식을 하자고 하는데 한 작가가 자기는 애를 맡길 데가 없어서 참석하지 못하겠노라고 하는 것이다. 물론 평일 같으면 나도 당연히 그렇게 말할 수 있고 못가겠노라는 얘기를 할 수 있을 터였다. 하지만 그날은 토요일이었고 남편도 이미 퇴근해서 집에 와 있는 상태였다.

그런데도 아이를 맡길 데가 없다고 근심어린 얼굴로 얘기하는 작가를 보면서 나는 나도 모르게,

"아니 뭘 걱정해. 애를 아빠한테 맡기면 되잖아?"

그랬더니 그 작가는 너무나 당연하다는 듯이 반문하는 것이었다.

"애를 어떻게 아빠에게 맡겨? 우리 남편은 애 못봐."

"아니 아빠가 자기 애를 못보다니, 그런 말이 어딨어? 진짜 아빠 맞어?"

"우리 남편은 애를 잘 못보거든."

자기 애를 못보는 남편도 다 있다니, 남도 볼 수 있는 아기를 아빠가 볼 수 없다니, 참 기가 막힌 노릇인데 더욱 기가 막힌 것은 남편은 절대 아이를 볼 수 없는 특수한 인간쯤으로 아예 생각해 버리는 그 작가의 태도였다.

물론 사람마다 성격이 다르고 남자들이 애를 보는 게 서툴다는 것은 어느 정도 인정할 수 있는 일이지만 아이를 자기 남편에게 제대로 못 맡기는 데는 분명 문제가 있다. 남편이 아니라 아내에게 말이다.

물론 나도 집안일의 거의 대부분을 내 손으로 직접 한다. 남

편에게 도와달라고 하는 것보단 내 손으로 하는 게 훨씬 빠르고 또 마음에 들기 때문이다.

하지만 하루 종일 집에서 가사와 양육에만 신경을 쓸 수 없는 소위 일하는 주부이다 보니 당연히 남편의 도움을 필요로 한다.

우리 신랑 또한 처음부터 아이를 잘 볼 줄 아는 사람이 아니었다. 첫아이 준영이를 낳고서는 어떻게 안아야 좋을지 몰라 금방 안고 있다가도 나에게 다시 주고, 기저귀 가는 것을 자기는 잘 못하겠다며 꾀(?)를 부리기도 했다.

그러나 사실 꾀를 내는 게 아니라 내가 봐도 아이를 안고 땀을 뻘뻘 흘리는 것이 안쓰러울 지경이어서 차라리 내가 아이를 맡고 싶을 정도였다.

하지만 누군들 처음 해보는 일이 어색하고 힘들지 않으랴? 그렇게 치면 나는 뭐 애를 길러봤나? 나도 처음 결혼해서 낳은 첫아인데 힘들기는 마찬가지지. 그래서 그냥 모른 체했다.

그랬더니 처음에는 아이 안고 있는 폼부터 내가 봐도 영 어색하고 아니더니 시간이 흐를수록 점점 틀이 잡히고 나중에는 나보다 오히려 더 아이를 편안히 안고 재우는 것은 물론 기저귀도 더 잘 갈고 우유도 잘 타서 먹이는 완전 프로 육아 선수로 바뀌는 것이 아닌가.

이제 우리 남편 맹씨는 육아에 있어서만은 나보다 더 프로다.

나는 방송을 하러 나올 때 준영이, 진영이를 다른 사람이 아닌 남편에게 맡길 때가 가장 안심이 되고 편안하다.

작년에 SBS의 〈행복찾기〉 아침 프로를 잠시 진행할 때였다. 김창숙 씨가 멀리 해외를 가는 바람에 2주 정도를 내가 최선규

모유로 키웠어요!

씨와 진행해야만 했었다. 처음에는 아침 일찍 아이를 맡길 데가 없어 곤란하다고 그 프로를 맡지 않으려고 했었다.

물론 동생 정임이를 그 먼 수원에서 오라면 당연히 와주겠지만 토요일이라 그런지 남편이(마침 당시 남편은 토요일마다 비번이었다) 자기가 아이를 봐줄 시간이 있으니 아이는 염려 말고 방송을 하라는 거였다.

"내가 아이들 볼 테니까, 당신 안심하고 방송해."

솔직히 아내의 일에 이런 식으로 남편이 협조하지 않으면 여자들이 바깥 일을 하기란 여간 어려운 것이 아니다.

집안일과 바깥일을 모두 다 잘하는 '수퍼우먼 컴플렉스'를 극복하는 방법 중 남편의 적극적인 협조를 얻어내는 것이 가장 좋은 방법이라고 나는 생각한다.

그러기 위해서는 아무리 손 하나 까딱 않는 고루한 사고방식에 젖어 있는 남편이라도 자꾸 일을 도와주도록 아내 쪽에서 유도하고 일을 맡겨야 한다. 육아든 집안일이든 말이다.

토요일 아침 〈행복찾기〉 MC를 보러 아침 일찍 나가면서 나는 남편에게 이른다.

"여보! 진영이 우유 시간 맞춰 먹이고, 그리고 준영이 유치원 보내요."

"알았어, 나도 이젠 선수야. 걱정 말고 잘 다녀오라구."

물론 그날 나는 아이들에 대한 걱정은 잊은 채 가벼운 마음으로 〈행복찾기〉에 열중할 수 있었다.

아이들 목욕은 아빠 담당

물론 내 남편 맹씨가 이렇듯 육아에 프로 선수가 된 데는 나의 끈질긴 협박(?)과 지속적인 훈련(?)이 있었음을 고백해야겠다.

아빠들 중에 아이들 육아에 전혀 협조할 의사가 없고 방관자의 입장을 취하는 분이라면 이루어지기 힘들겠지만 그렇지 않은 요즈음의 신세대 아빠들에게는 내 방법이 통할 듯싶다.

우선 나는 아기 목욕만큼은 꼭 아빠가 시켜야 한다는 것을 결혼 전부터 주장해온 사람이다.

내 이론의 배경은 물론 친정 엄마이다. 엄마는 내가 어릴 때부터 아빠가 아이들과 자주 스킨쉽을 가져야 한다고 주장하셨다. 왜냐하면 엄마라는 사람은 아무리 아이들과 일정한 거리를 유지해도 엄마라는 보이지 않는 끈이 있어 절대 멀어지질 않지만, 아빠라는 존재는 어릴 때부터 늘 아이들과 가깝게 지내는 것을 생활화하지 않으면 참으로 소원해지기 쉽다는 게 엄마의 주장이셨다.

그래서 아이들과 친하게 지낼 수 있는 일 한 가지 중 어린 시절부터 늘 목욕을 같이 하는 것을 권해 오셨다. 모르는 사이 스킨쉽을 통해 애정이 형성되기 때문에 좋다는 것이었다.

엄마의 이 말은 요즘 유행하는 EQ 이론과 비슷하다. 감성지수라고 말하는 EQ가 결국은 정서적인 유대 관계에서 비롯된다는 것을 말해 주는 좋은 예인 것 같다. 우리 엄마는 옛날 어른이라 EQ를 알 턱이 없건만 이런 주장을 하신 걸 보면 육아 이론에도 상당히 밝았던 게 아닌가 싶다.

물론 아이들 목욕을 남편에게 꼭 시키는 이유는 그 말에 동의하는 이론적 배경도 배경이지만 솔직히 말하면 아이 키우면서 힘든 일 한 가지를 덜어보자는 계산(?)에서 비롯된 내 주장이기도 하다.

아무튼 우리집 아이 목욕만큼은 아주 갓난아이 때부터 남편의 입회하에 이루어진다. 목욕대야에 물을 받아놓고 아기를 씻길 때도 아빠는 다리 잡고 나는 씻기고, 다 씻기면 아빠가 타월 대령하고 나는 물기 닦아내고, 아빠가 파우더를 톡톡 두드리고 나는 아이 옷 갈아 입히고, 그 동안 아빠는 목욕대야 치우고 오기 등등 우리는 손발이 척척 들어맞는 2인 1조이다.

그러다 백일이 지나면서 그때부터 아빠가 아이를 안고 목욕탕에서 혼자 목욕을 시켰다.

"아유, 갓난아기를 어떻게?" 하는 엄마도 있겠지만 생각보다

저, 살림하는 여자예요

위험하지도 않고 아빠가 엄마보다 더 아이를 잘 다룬다는 것을 금방 알 수 있게 될 것이다.

우리집 아기 목욕 순서를 소개하면 대략 이렇다.
먼저 아빠가 목욕탕에 들어가 샤워를 한다. 한여름이라면 몰라도 목욕탕이 서늘할 수 있으니까 먼저 아빠가 들어가서 더운 물로 샤워를 하면서 목욕탕 안을 덥히는 효과를 내는 것이다. 그러면 체온 변화에 민감한 아이가 감기들 염려를 없앨 수 있다.
그 다음에 옷을 벗기지 않은 채로 아기를 목욕탕에 들여보낸다. 바깥 공기하고 목욕탕 공기가 틀릴 수 있으므로 아빠가 욕탕에서 옷을 벗기게 한다. 하지만 아주 갓난아기 시절이 지나고 10개월 이후가 되면 옷을 벗기고 들여보내도 별 탈이 없을 듯하다.
그리고 나서 아이 목욕이 끝나면 안에서 대충 물기를 닦고 내가 바깥에 있다가 큰 타월로 아기를 싸서 받아 물기를 골고루 닦아준다.
아이들은 하루에 한 차례씩 목욕을 시켜야만 쑥쑥 잘 크는 것 같다. 워낙 신진대사가 왕성한 때라 분비물도 많고 침이며 옷에 흘리는 것이 많아서 목욕을 시키지 않으면 왠지 꾀죄죄하고 청결하게 보이지 않는다.
그런데 가끔 앞에서도 얘기했지만 남편이 술을 좋아하는 편이라 술 먹고 늦게 들어오는 날은 피곤하니까 당연히 목욕을 안 시키려고 한다.
하지만 한 번 양보하면 끝까지 양보하게 된다는 철학을 익히 알고 있는 나로서는 절대 용납할 수 없는 일. 새벽 한 시가 돼서 알딸딸한 모습으로 들어와도 그때까지 절대 목욕을 안 시키고 있다가 아이와 함께 목욕탕으로 들여보낸다.

"아이, 꺽……. 당신이 좀 시키면 안돼? 꺽……."
"약속했잖아요. 약속한 일은 꼭 지켜야죠."
"오늘만 좀 봐주라! 꺽……."
"시끄러워요. 그럼 아이 목욕 시키지 말고 재울까?"
"아……, 알았어! 꺽……. 내가 할게, 한다니까!"

사실 목욕탕으로 남편과 아이를 들이밀면서도 혹 아이를 떨어뜨릴까봐 내심 불안하지만 그래도 포기하면 안되지 하는 생각으로 무조건 들여보낸다. 문 밖에 서서 감시를 하더라도 목욕만큼은 아빠 손으로 하게 하는 것이다.

아무리 술을 먹고 늦게 들어와도 절대로 양보 않는 나에게 두 손 들었는지 이제 남편은 목욕만큼은 세상없어도 자기가 해야 하는 일로 알고 있다. 어떻게 보면 야박하다고 할 수도 있는 이런 나의 끈질긴 방법이 성공, 오늘도 우리집 목욕탕에선 세 식구가 벌거벗고 목욕중이다.

아빠, 준영이, 진영이가 목욕하며 장난치는 소리가 들려오는 욕실 쪽을 바라보며 나는 흐뭇한 마음으로 그 동안 아이들이 어질러놓은 거실이나 방을 돌아다니며 청소를 한다.

욕실문 밖에 갈아 입을 세 식구의 속옷을 갖다 놓고 말이다.
물러서지 않고 서로의 약속에 충실했던 결과이리라.

모유로 키웠어요!

결혼하기 전부터 내가 만약 아이를 낳는다면 당연히 모유로 키우려고 생각했음은 말할 것도 없다.

혹 어떤 엄마들은 가슴 모양이 미워진다고, 또는 모유를 먹이면 엄마가 밥을 많이 먹게 되니까 뚱뚱해진다고 모유 대신 우유를 먹이기도 하는 모양이다. 하긴 나도 처녀 시절보다 팔뚝도 굵어지고 몸매도 약간 뚱뚱해진 것은 사실이다. 하지만 그렇다고 해서 모유 대신 우유를 먹일 걸 하고 후회를 해본 적은 한 번도 없다.

특별한 사정이 없는 한 아이를 모유로 키우는 건 엄마로서 너무나 당연한 일이 아닌가. 얼마 전 KBS TV의 〈서세원의 화요 스페셜〉 프로그램에 출연했을 때, 서세원 오빠가(백분쇼를 진행했을 때부터 그렇게 불렀다) 혹 셋째 아이를 낳는다면 그 아이도 모유로 키울 거냐는 질문에 당연히 나는 "그럼요." 하고 대답했다.

하지만 나처럼 일하는 엄마들은 사실 모유로 키우기가 여간 어렵지 않다는 것을 잘 알고 있다. 모유란 늘 아기하고 함께 있어야 하고 아이가 배고프다고 울 때는 수시로 빨리기도 하고 또 일정 시간이 지나면 젖이 불고 흐르기 때문이다. 집에 있는 엄마라면 우유병 삶고 타고 하는 것에 비하면 모유를 먹이는 게 아기 건강은 물론 엄마도 편할 수 있지만, 그러나 일하는 엄마가 모유를 먹인다는 건 거의 불가능하다.

첫아이 준영이를 낳았을 때는 6개월 동안 모든 일을 손놨기 때문에 집에서 육아에만 전념할 수가 있었다. 하지만 6개월 이후에 KBS TV 드라마 〈사랑을 위하여〉에 출연하면서부터 준영이 모유를 먹일 일이 큰 걱정이 아닐 수 없었다. 그동안 쭉 모유를 먹여왔기 때문에 갑자기 젖을 떼기도 곤란한 상황이었다.

다행히(?) 드라마의 주인공은 아니니까 스튜디오 녹화가 됐든 야외 촬영이 됐든 한 신을 찍는 데 몇 시간씩 걸리지는 않을 것 같았다. 그렇다면 3~4시간 간격으로 젖을 줘야 하는 아이에게 다음 촬영을 기다리는 동안 충분히 모유를 먹일 수 있다는 생각이 들었다.

그날부터 나는 드라마 세트장에 준영이와 함께 다니기 시작했다. 촬영이 끝나면 곧바로 차로 달려와 젖을 꺼내놓고 준영이에게 물렸다.

당시에는 동생 정임이도 수녀원에 가 있을 때였고 친정 엄마에게도 도움을 청할 형편이 아니었기 때문에 남편이 나 대신 교대로 아이를 맡아 주었다. '일하는 아주머니에게 맡기면 되지 아이를 끌고 촬영장에까지 다니면 어떡하냐?'고 주변에서 걱정 겸 염려의 소리도 많이 했지만 이상하게 내 아이를 남의 손에 맡긴다는 게 왠지 안심이 안되고 내키지 않았다.

다행히 남편이 카메라맨이다 보니 근무 시간 아닌 경우에는 비교적 자유로운 편이었고, 남편도 나 아닌 다른 사람에게 아이 맡기는 것을 탐탁지 않게 생각했으므로 적극적으로 나서서 도와주었다.

그래서 우리 세 식구는 툭하면 드라마 촬영장에 같이 나타나는 해프닝을 벌이곤 했다. 다행히 내 신이 많지 않아 일주일에 한 이틀 정도면 스튜디오와 야외가 해결이 되었다. 게다가 그 시간도 거의 남편이 비는 시간과 일치하는 행운이 따라줘 좀더 쉽게 모유를 먹일 수가 있었다.

하지만 상상해 보라. 드라마 촬영장 한쪽에서 아이에게 젖을 먹이고 있는 나의 모습을…….

둘째 진영이를 낳았을 때는 〈100분쇼〉를 진행중이라 아이 낳은 지 보름만에 라디오 방송을 해야만 했었다.

방송하러 가기 전에 집에서 아이에게 젖을 잔뜩 먹여놓고 나가도 왜 그렇게 젖이 흔한 건지 아니면 워낙 많이 시도 때도 없이 많이 나오는 때라 그런 건지 방송 시작 한 시간만 지나면 가슴이 축축하게 젖어들어 오는 것이었다. 만일의 사태에 대비해 가슴에 두툼한 패드를 대고 나가도 5시가 가까워오면 여지없이 앞가슴이 젖어들어오는 데야 방법이 없었다.

5시 땡 소리가 나면 뉴스가 나가는 10분 동안 나는 잽싸게 화장실로 뛰어야 했다. 화장실에 앉으면 유축기를 댈 사이도 없이 손으로 짜도 젖이 흥건하게 나온다.

만약 중간에 쉬는 시간, 그 10분이 없었다면 어땠을까. 아이 낳고 영화나 드라마를 찍거나 하면 젖이 흐르다 못해 팬티까지 축축히 젖어온다는 선배 연기자들의 말은 정말임에 틀림없다. 얼마나 힘들고 난처했으랴.

그런 것에 비하면 나는 정말 행복한 편이다. 만약 내가 하는 프로그램이 AM이 아니고 FM이었다면 아마 젖짜는 시간도 없었을 테고 젖이 그냥 줄줄 흐르는 상태에서 팬티까지 젖어가며 방송을 해야 했을 테니까 말이다.

진영일 낳고 한 달도 안 돼서 동아 케이블 TV의 〈엄마사랑 아가사랑〉이란 육아 프로그램을 맡게 되었는데 30분씩 일주일에 다섯 번 하는 데일리 프로그램이라서 일주일분 녹화를 이틀이나 걸쳐서 해야 했다. 그런데 문제는 라디오 〈100분쇼〉보다 이 프로그램이 더 큰일이었다. 라디오는 가슴이 젖건 말건 보이지는 않으니 그냥 진행할 수 있지만 TV는 얼마나 민감한가.

가슴이 젖어들어 오면 벌써 화면에 표시가 나기 때문에 프로그램을 진행할 수가 없다. 30분짜리 프로그램이라 하더라도 녹화는 1시간이 넘게 걸리기 때문에 대책이 없다. 게다가 녹화 하나가 끝나면 다음 대본 봐야지, 의상 갈아 입어야지, 화장 고쳐야지 도대체 화장실에 뛰어가서 마음놓고 젖을 짤 시간 여유가 없는 것이다.

그래서 할 수 없이 가슴에 패드를 더 두껍게 만들어 넣고 진행을 하다 보니 가뜩이나 아기 낳고 부기도 덜 빠진 내 모습이 더 진빵같아 보인 것은 당연한 일이었으리라.

　주변에서 젖을 빨리 떼라는 권유도 있었지만 나는 끈질기게 6개월을 버티면서 진영이에게 모유를 먹였다. 나름대로 고생을 했는지는 몰라도 나는 프리랜서이기 때문에 비교적 고생을 덜 하면서 아이들에게 모유를 먹일 수 있었던 것 같다.

　하지만 직장에 나가는 엄마가 모유를 먹인다는 건 정말 불가능할 것 같다. 그럼에도 내가 프로를 진행한 〈엄마사랑 아가사랑〉에서 어느 잡지사 여기자가 모유를 먹일 수 있는 방법을 소개한 적이 있는데, 그 내용을 알려드리면 도움이 될지도 모르겠다.

　직장에 다니는 엄마가 모유를 먹일 수 있는 방법은 나처럼 젖을 짜서 버리지 말고 유축기를 갖고 다니면서 3~4시간 일정한 간격으로 젖이 불면 화장실이나 탈의실에서 젖을 짜 집으로 갖고 와 냉장고에 보관했다가 먹일 때 전자 레인지에 약간만 데워 먹이면 된다고 한다.

　모유의 냉장 보관은 3일, 냉동 보관은 일주일이 가능하다고 하니까 직장 생활하는 엄마 중 아이에게 모유를 꼭 먹이고 싶은 엄마는 참고해 보면 좋을 듯싶다.

　아무튼 악착같이 모유를 고집한 덕분인지는 몰라도 다행히 우리 준영이, 진영이는 둘 다 지금까지 건강하게 잘 자라주고 있다.

최유라식 이유법

자다가도 하룻밤에 몇 번씩 일어나서 아이 젖먹이랴, 기저귀 갈아주랴, 갓난아기를 둔 엄마들은 거의 밤에 잠을 잘 수가 없다. 혹 자더라도 잠깐잠깐 눈을 붙이는, 이를테면 토막잠이라고나 할까, 아무튼 편하게 잠을 잘 수가 없다.

그러다가 백 일쯤 지나면 아기가 밤에 깨어나는 횟수가 적어져 엄마도 좀 편히 잠들 수가 있을 것 같지만 웬걸, 이때부터 엄마를 편히 쉴 수 없게 만드는 또 다른 일이 기다리고 있는 것이다.

아기들은 3개월에서 백 일 정도까지는 모유만으로 영양 공급이 가능하지만 그 이후에는 이유식을 해야 한다. 이유식을 만드는 게 얼마나 번거롭고 또 신경쓰이는 일인지 만들어 보지 않은 사람은 모를 것이다. 때문에 엄마는 더욱 바빠질 수밖에 없다.

이유식 책을 보니까 3개월만 되면 슬슬 이유를 해도 된다고 하기에 우리 준영이는 3개월부터 먼저 과즙을 한 방울씩 입에 넣어 주었다.

다행히 먹성이 좋아서인지 입맛을 쩍쩍 다셔가며 잘도 받아 먹는 걸 보고 용기가 생겨 곡물로도 이유식을 하기 시작했다.

물론 시중에서 간편하게 이유식을 팔기도 하지만 인스턴트는 어른인 나도 잘 안 먹는데 간편하다는 이유로 아이 이유식을 사서 먹이고 싶지는 않았다. 특히 아이가 먹을 음식이기 때문에 최고로 신선한 재료를 사다가 직접 만들어서 먹였다.

나의 이유식 원칙 3가지는 첫째 절대로 인스턴트 이유식 안 먹이기, 둘째 모든 이유식은 숟가락으로 먹인다, 셋째 아무리 아까워도 유효 기간(3일 정도)이 지난 것은 먹이지 않는다, 이다.

아이가 엄마 젖만 먹다가 우리들이 먹는 음식도 먹게 된다는 게 나로선 너무 신기하고 재미있어서 만드는 게 힘들기는 했지만 돌이켜보면 그래도 여러 가지 색다른 이유식을 궁리하고 만들어 보던 때가 그립기도 하다.

그때는 어떤 게 아이에게 가장 소화가 잘될까, 가장 맛있고 신선한 재료로 어떤 걸 쓸까 등등 고민하고 또 고민했다. 지금 나의 야채 써는 솜씨가 여느 주방장 못지않게 날쌔고 리드미컬한 것은 이유식을 만들면서 훈련이 된 때문인 것 같다.

★ 이유식 초기(3개월~4개월)

이유 초기인 3개월 무렵에는 한 열흘 이상 쌀뜨물 같은 미음을 만들어서 먹였다. 쌀을 한 숟갈 정도 깨끗이 씻어서 분쇄기에 곱게 갈은 다음 냄비에 물을 넉넉히 붓고 마냥 걸쭉해지도록 끓인다.

다 끓고 나면 작은 숟가락으로 밥물(진)을 떠서 입 안에 넣어 주면 잘 받아먹는다. 하루에 한 번 정도 끓여놓고 먹일 때마다 데워서 3~4 숟가락 정도 먹인다. 그리고 아침에 만든 것은 하루 정도 먹이고 다음 날엔 무조건 버리고 새로 끓여먹였다.

【과일즙 만들기】

과일 종류는 딸기, 토마토, 키위, 귤, 사과, 파인애플 등 모두 다 쓸 수 있지만 되도록이면 제철 과일을 이용했다.

1. 딸기즙 만들기
◑ 재료 : 딸기 적당량(5알 정도), 소금 또는 설탕.
◑ 방법 : ① 농약을 없애기 위해서 소금물에 딸기를 잠깐 담가둔다.
② 5분 정도 지나면 딸기를 건져서 깨끗한 물에 헹군다.
③ 꼭지를 떼어내고 소금물에 담갔는데도 왠지 안심이 안 돼서 껍질도 약간 벗겼다.
④ 딸기를 강판(이유식 그릇에 있는 아기 강판을 사용했다)에 갈은 다음 되도록이면 그냥 주지만 단맛이 덜하거나 하면 설탕을 아주 약간만 넣어서 먹였다. 되도록이면 설탕

을 넣지 않는 게 좋다.

2. 사과주스 만들기
◆ 재료 : 사과 반 개 정도, 설탕 약간.
◆ 방법 : ① 사과를 깨끗이 씻은 다음 껍질을 벗긴다.
　② 반으로 가른 다음 가운데 씨를 빼내고 강판에 간다.
　③ ②를 체에 받쳐 즙만 먹인다.

최유라식 이유 포인트

다른 과일도 만드는 법은 비슷하고 이 시기에는 되도록 즙만 먹이다가 한 달쯤 지난 뒤엔 사과를 그냥 숟가락으로 긁어서 먹였다.

★ 이유식 중기(5개월~8개월)

이유 중기인 이 시기에는 주로 죽을 만들어 먹이되 과일도 신경을 써서 같이 먹였다. 이 시기에 주로 먹였던 이유식은 야채를 이용한 죽이었다.

우선 사골 국물이나 아니면 고기를 삶아 육수를 만든다. 그리고 쌀을 분쇄기에 곱게 갈아서 큰 냄비에 물을 적당히 붓고 끓인다.

야채는 시금치, 감자, 호박, 양파 등을 주로 썼는데 당근은 소화가 잘 안 되는 것 같아서 처음에는 안 넣다가 후반으로 가면서 조금씩 넣으면서 차츰 양을 늘렸다.

시금치, 감자, 호박, 양파 등을 곱게 채치고 또 잘게 다져서 적당히 끓은 죽뚜껑을 열고 그 안에 각종 야채를 넣고 다시 푹 끓인다.

때때로 미역도 아주 잘게 채치고 다져서 야채와 함께 끓여 먹였는데 아이들 변비 예방에 좋은 효과가 있는 것 같았다.

감자의 경우는 통째로 넣고 삶다가 다 익으면 꺼내서 곱게 으깨 다시 넣고 잘 저으면 다른 재료들과 골고루 섞인다.

그리고 시금치는 처음부터 넣으면 너무 퍼지므로 가장 나중에 넣어야 한다. 시금치를 고를 때는 너무 뻣뻣한 것 말고 여들거리는 게 좋다. 나의 경우 친정 엄마가 텃밭에서 기른, 막 싹이 오르는 연한 것들을 수시로 갖다 주었다.

【과일】

과일은 물론 제철 과일을 많이 먹였는데 특히 준영이 이유 시기가 여름이라 복숭아가 많이 나와서 복숭아를 하루 한 알 정도씩 꼭 먹였다.

동네 과일가게 아저씨께 부탁해서 백도 중에서도 상품을 골라 사다가 저장해 놓고 강판에 백도를 갈아 숟가락으로 떠먹이곤 했다. 섬유질이 싱싱한 상태로 먹여서인지 준영이는 변비 한 번 안 걸리고 하루 대변을 두 차례씩 꼭 봤다.

다른 과일을 먹일 때도 혹 아기이기 때문에 농약의 위험을 없애느라 딸기 같은 것은 씻을 때 소금물로 씻은 것은 물론이요, 반드시 껍질을 벗긴 다음 이유식 그릇 강판에 갈아서 숟가락으로 떠먹였다. 사과나 다른 과일도 꼭 껍질을 벗겨서 먹였다.

【죽 만들기】

1. 호박죽 만들기

호박죽은 별미로 겨울에 어른들도 즐겨 먹지만 호박 자체에서 단맛이 우러나와 달달한 맛도 있고 소화도 잘돼 준영이나 진영이 이유식으로도 일부러 끓여 먹었다. 호박이 없는 철에는 백화점 지하에서 파는 것을 한두 번 사다 먹여 보기도 했는데 괜찮은 것 같았다.

이유식 후기쯤 가면 어른들이 먹을 때처럼 팥이나 다른 곡물을 첨가해서 먹여도 탈이 없었다.

◉ 재료 : 늙은 호박, 찹쌀, 설탕, 소금 등.
◉ 방법 : ① 늙은 호박을 가운데를 자른 다음 껍질을 벗기고 깨끗이 손질해 놓는다.
② 압력밥솥에 호박을 넣고 푹 삶는다.
③ 물에 불린 찹쌀을 분쇄기에 넣고 간다.
④ 30분 정도 압력밥솥에서 푹 삶아진 호박을 체에 내린다.
⑤ 찹쌀가루를 멍울이 안 생기도록 개서 ④에 넣고 숟가락으로 저어가며 끓인다.

⑥ 소금을 약간 넣는다.

최유라식 이유 포인트

설탕보다는 소금을 넣는 것이 단맛을 더 강하게 만들어 주므로 설탕 대신 소금을 넣는다.

2. 영계 닭죽

아이들에겐 사실 소고기보다 돼지고기나 닭이 살 붙게 하는 음식이라고 하는데 아이들에게 돼지고기를 많이 먹이긴 좀 힘든 것 같아 나는 닭죽을 자주 쑤어 먹였다.

이렇게 이유식 중기부터 준영이, 진영이에게 쑤어서 먹이기 시작한 영계닭죽은 지금까지도 자주 해먹이는 메뉴다.

친정집이 수원인데 거기만 해도 시골이라 친정 엄마가 영계(한주먹도 안되는 작은 닭)를 특별히 닭집에 부탁, 오실 때마다 20~30마리를 한꺼번에 사다 주셨다.

그러면 냉동실에 보관해 놓고 먹이는데 한 달 정도면 아이 둘이 다 먹어치워 지금까지 준영이, 진영이가 먹어치운 닭이 거짓말 안 보태고 몇백 마리는 족히 될 것이다.

◈재료 : 영계 1마리, 양파 1개, 마늘 몇 알, 쌀 약간, 소금

◈방법 : ① 영계는 기름도 없기 때문에 손질할 일도 없다. 그냥 깨끗이 씻어서 양파와 마늘을 통째로 넣고 마냥 곤다.

② 푹 고아진 닭을 베보자기에 내려 뼈를 걸러내고 살만 따

로 골라 칼로 곱게 다진다.
③ 물에 불린 쌀을 국물에 넣고 죽을 쑨다. 거의 다 될 무렵 곱게 다진 닭살을 넣고 다시 곱게 쑨다.
④ 소금 간만 약간 해서 먹인다.

최유라식 이유 포인트

꼭 영계를 써야 기름기도 없고 살도 부드러워 아이들 먹기에 좋다.

【보관법】

이유식은 한번 만들기가 어렵더라도 자주 만들어 먹이는 것이 좋다. 아기가 먹는 양이 너무 적기 때문에 아무리 냉장고에 보관해도 이틀 이상 보관하기 어렵기 때문이다.

그래서 생각해낸 건데 시장에 가서 아이스볼 만드는 팩을 산다. 그리고 그것과 함께 유리같이 생긴 통으로 완전 밀폐가 되는, 압축식 뚜껑이 달려 있는 보관용기도 산다.

이것을 이용해, 만든 이유식은 충분히 식혀서 밀폐통에 넣어 냉장고에 보관하고, 사골 국물은 그때그때 냄비에 데울 때 많은 양이 필요치 않으므로 아이스볼 팩에 넣어서 냉동실에 얼음조각처럼 만들어 보관해 둔다.

이 얼음조각 한두 개를 냄비에 넣고 밀폐용기에 보관한 이유식을 한 번에 3~4순갈씩 넣어서 데워 아기에게 먹이면 엄마도 덜 힘들고 음식 낭비도 줄일 수 있다.

★ 이유식 후기(9개월~10개월)

이 시기에는 아이가 이빨도 나고 음식맛에도 익숙해질 때이므로 나는 특히 생선 요리에 신경을 썼다. 그리고 죽도 이유식 중기때 먹이던 것을 계속 먹이기도 하면서 슬슬 약간 진밥을 만들어서 먹이기 시작했다. 그리고 모유를 먹이지 않는 대신 선식을 만들어서 먹이기 시작했다.

1. 미역홍합죽

아이들이 소화를 잘 시키는 음식이라 나는 이유식 중기부터 되도록이면 미역을 꼭 넣었다.

후기부터는 미역과 해산물, 생선을 넣어서 먹이려고 노력했는데 미역홍합죽이나 홍합 대신 새우를 넣고 끓여보기도 했다. 다행히 아이들이 맛있게 잘 먹었다.

- 재료 : 쌀, 미역 약간, 홍합 약간, 소금.
- 방법 : ① 미역과 쌀을 물에 불려놓는다.
  ② 홍합은 깨끗이 손질해서 껍질은 버리고 내용물만 따로 떼어내서 끓는 물에 살짝 데쳐낸다. 새우는 내장만 뺀 뒤 데치지 않고 그냥 끓였다가 나중에 꺼내서 쓴다. 새우물이 죽에 배면 더 맛있기 때문이다.

③ ②를 곱게 다진다.
④ 쌀을 분쇄기에 약간만 갈아서 죽을 끓인다.
⑤ 죽이 거의 다 끓으면 미역과 다진 홍합을 넣고 다시 한 번 더 끓인다.
⑥ 소금으로 간해서 먹인다.

최유라식 이유 포인트

미역은 기장 미역을 쓰고 해산물은 수산시장에서 사온 싱싱한 거라야 제맛을 낸다.

2. 치즈생선구이

버터에 과자처럼 바삭 튀겨서 먹이는 것도 맛있지만 생선맛을 들여야 하기 때문에 치즈구이도 해먹여 봤다. 치즈가 아이들에겐 좋은 음식이지만 소화가 될까 걱정했는데 아무 탈 없이 너무 잘 먹었다.

◈ 재료 : 흰살생선 한 도막(방어나 연어를 사용했다), 치즈 한 장, 레몬, 소금, 후추.
◈ 방법 : ① 깨끗이 손질한 생선에 소금, 후추를 뿌려둔다.
② 생선에 간이 배면 키친타올로 누르듯이 물기를 닦아낸다.
③ 생선을 후라이팬에 노릇하게 지진다.
④ 거의 다 익어갈 무렵 치즈를 얹는다. 그러면 뜨거운 김

에 의해 치즈가 녹아내린다.

> **최유라식 이유 포인트**
>
> 붉은 생선도 좋을지 모르지만 아이한테는 흰살생선이 담백해서 더 좋은 것 같다. 우리 아이들에게는 연어나 방어, 참치 등을 먹였다.

3. 치즈오믈렛

달걀을 많이 먹이고 싶을 때 찐달걀의 노른자를 그냥 먹이면 목이 메여 소화가 안될 것 같아 끓인 죽에 섞여 먹이기도 했었다. 그런데 이유식 책을 보니까 치즈오믈렛이 나와 있어 그 방법대로 해보았더니 아이도 잘 먹고 어른인 우리도 맛있었다.

우리 식구가 자주 해먹는 메뉴이다.

- ◈ 재료 : 달걀 2개, 치즈 한 장, 우유 약간, 녹인 버터 1큰술, 소금, 설탕.
- ◈ 방법 : ① 달걀에 소금, 설탕을 약간 넣고 거품이 나도록 섞어둔다.
  ② 치즈를 잘게 네모 썰기로 썬다.
  ③ 작은 냄비를 뜨겁게 한 다음 버터 한 조각 정도를 넣고 충분히 녹인다.
  ④ 풀어놓은 달걀에 치즈와 우유, 녹인 버터를 넣고 섞어준다.

⑤ 팬에 기름을 약간 두르고 ④를 부어서 달걀말이하듯 접어가며 모양을 만든다.

최유라식 이유 포인트

후라이팬에 기름을 많이 두르면 안 그래도 버터가 들어 있는데 더욱 느끼하다.

【선식】

현미, 쌀, 찹쌀, 보리, 검정콩, 검은깨, 멸치 마른새우 등을 선식 만드는 가게에서 쪄서 말린 것을 빻아다 먹였다.

이것들을 함께 섞어서 생우유 먹일 때도 그 안에 한 숟가락이나 두 숟가락씩 넣어서 먹였다. 모유를 먹이면서도 양이 모자라 대신 우유를 주는 시기가 생기는데 주로 6개월 이후에는 분유에 약간씩 섞어서 타 먹였다.

혹시 아이가 변비 기운이 있으면 보리의 양을 늘린다든지 하면서 그때그때 양을 조제해 먹이기도 했다.

【생선】

아직 아기라 주로 흰살생선을 이용했다. 치즈생선구이도 자주 해 먹였지만 버터구이를 더 많이 해먹였다.

수산시장에서 방어(한 마리 6만원이니 좀 비싸다)를 사다가 포를 떠서 냉동실에 보관해 놓고 버터구이를 해서 부드럽게 먹이기도 하고 죽 끓이는 데 잘게 썰어 넣어 함께 먹이기도 했다.

물론 포뜨고 남은 것은 우리가 매운탕을 해 먹었으니 일석이조라고나 할까.

응급 처치는 이렇게 하세요

아이를 키우면서 갑자기 열이 오르거나 아니면 토하거나 해서 놀래본 경험이 엄마라면 누구나 있을 것이다.
물론 나도 준영이, 진영이를 키우면서 가슴 쓸어내리며 놀란 적이 여러 번이다.

준영이가 갑자기 배가 아프다고 데굴데굴 굴러서 응급실로 황망히 달려갔는데 아무 이상도 없다고 해서 고개를 갸웃하며 되돌아온 적도 있고, 진영이가 한밤중에 갑자기 불덩이처럼 열이 오르고 토하는 바람에 가슴이 덜컥 내려앉았던 적도 있었다.

다행히 큰 병을 앓은 적은 없지만 아이가 아플 때마다 엄마는 이마에 주름살이 하나씩 느는 것만 같다.

그래서 우리집 구급상자엔 항상 몇 가지 상비약이 준비되어 있다. 친정 아버지가 약사라 약에 관한 한 도움을 받을 수 있어서 특히 우리집에는 다른 집보다 상비약의 종류가 더 많다.

열 내리는 좌약식 해열제(먹는 해열제보다 효과가 크다), 감기약, 편도가 부을 때 먹는 편도약, 옥도정기, 소독약, 체했을 때 먹는 약, 관장약, 진통제, 지혈제, 일회용 밴드, 맨소래담(타박상 입었을 때 쓴다), 후시딘이나 마데카솔, 엘레드롤 용액(전해질 용액), 참 그리고 화상약도 들어 있다.

준영이가 아장아장 걸을 때 고기를 구워먹는다고 전기 후라이팬을 거실에 켜놓았는데 그만 준영이가 만져서 손을 데어버렸다. 안 그래도 아이 때문에 맘이 안 놓여 계속 시선을 그쪽에서 떼지 않고 있었는데도 눈 깜짝할 사이에 그만 손을 데어버리는 사고가 일어난 것이다. 그때를 경험삼아 우리집 구급상자엔 화상연고가 하나 더 들어 있다.

이상하게 아이들은 낮엔 괜찮다가도 밤이 되면 열이 높게 올라간다. 어느 정도의 열은 쉽게 좌약만 써도 내리지만 심한 경우에는 좌약을 써도 좀처럼 열이 떨어지지 않는다. 그럴 때면 나는 우선 아이 옷을 전부 벗기고 약간 미지근한 물로 온몸을 마사지하듯 수건으로 닦아준다. 그러면 열이 더 오르는 것을 방지할 수 있다.

아이들에게는 열이 서서히 오르다가 어느 순간 갑자기 40도가 넘게 치솟으면 치명적인 일이 생길 수가 있으므로 열이 오르지 않게 계속 체온을 떨어뜨려줘야 한다. 아침이 되어 병원으로 가는 한이 있어도 집에서 응급조치는 이렇게 해줘야 한다.

우리집 아이들은 하루에 변을 두세 차례씩 보기 때문에 변비에 걸리는 경우는 드물지만 그래도 가끔 항문이 찢어져 피가 나는 경우가 있다. 심하지 않기 때문인지는 몰라도 마데카솔이나 후시딘을 약간 발라주면 깜쪽같이 낫는다. 그리고 좌욕이 효과가 있다.

준영이는 이상하게 하루 두 번씩 변을 보는데도 가끔 배가 아프다고 뒹군다. 처음에는 응급실로 뛰어갔지만 의사 선생님의 말씀이 변이 차서 그렇다는 거다. 아무리 변을 잘 봐도 아이들에게 이런 경우가 종종 있다. 하지만 이제는 응급실로 뛰어가지 않고 집에서 간단하게 관장을 시켜준다.

아기 때에는 우유를 먹고 토하는 경우가 자주 있는데 나는 아기가 먹은 걸 다 토한 것처럼 보여 다시 우유를 먹이기도 했다. 그런데 〈엄마사랑 아가사랑〉을 진행하면서 소아과 선생님 이야기를 들으니, 유문이 아직 형성이 덜 돼서 그런 경우니까 토하면 금방 우유를 먹이지 말고 그냥 놔뒀다가 아이가 배고파 칭얼대는 것 같으면 먹이라고 한다. 그래서 진영이때 그렇게 해봤더니 무리가 없었다.

갓난아기가 토하면 '먹은 걸 다 토했으니 배가 고프겠지.' 하는 생각으로 금방 또 먹이는 엄마들이 많은데, 아무리 토해도 먹은 양보다는 적게 토하는 법이므로 다음 먹을 것 달라고 보챌 때까지 그냥 두어도 괜찮다고 한다.

그리고 약을 먹일 때 가루약이든 물약이든 아이들이 안 먹겠다고 해서 쩔쩔매는 엄마들에게 도움이 될까 해서 적어보는 건데 참고가 되었으면 좋겠다.

나는 주로 아이 때부터 숟가락으로 약을 먹여오긴 했지만, 정말 안 먹으려고 아이가 도리질을 치면 별 도리가 없었다. 그래도 약은 꼭 먹여야했기에 할 수 없이 약국에서 스포이드를 사다가 아이 입 가장자리로 흘려넣어 줘봤는데 그 방법이 숟가락으로 먹이는 것보다 훨씬 더 수월했다. 약 먹일 때 스트레스를 받는 아기나 엄마에게 좋은 방법이 될 수 있을 것 같아 권해 보고 싶다.

덧붙여 이번 여행길에서 우리집 구급상자와 나의 이런 응급조치법으로 덕본 얘기를 좀 하고 넘어가야겠다.

〈지금은 라디오 시대〉가 라디오 청취율 조사에서 1위를 한 기념으로 지난 5월 15일부터 22일까지 우리집 식구가 미국 여행을 보너스로 다녀왔다는 사실을 〈지금은 라디오 시대〉 애청자들은 누구나 다 알고 계실 텐데, 이 여행이 내게는 너무나 힘겨운 고행의 길이 될 줄을 누가 알았으랴.

떠나기 한 달 전부터 나는 여행에 대한 기대로 초등학교 시절 소풍을 앞두고 전날 밤 잠 못드는 어린애같이 몹시 설레이는 마음으로 하루하루를 기다렸다. 재작년인가 남편이 미국에 연수갔을 때 보름 동안 같이 다녀온 경험이 있긴 하지만 그때는 진영이가 갓난아기 때라 준영이만 데리고 간, 온가족 모두가 간 여행이 아닌 데다가 두고 온 진영이가 자꾸 마음에 걸려 여행이 그리 즐겁지만은 않았었다.

게다가 그때까지는 아이들이 어려서 '롯데월드'나 과천에 있는 '서울랜드'를 가도 일일이 아이를 안고 다녀야 했기 때문에 즐거움은커녕 아이들이 짐처럼 느껴지고 힘들기만 했었다.

하지만 이제는 아이들도 웬만큼 자기 앞가림을 하니까 엄마 아빠도 편하게 즐길 수가 있을 것이라는 생각과 함께 정말로 재미있는 가족 여행이 되리라는 기대를 하면서 그날을 손꼽아 기다렸다.

　미국에는 디즈니랜드 같은 더 큰 아이들 놀이시설도 있고 아울렛에서는 평소 사고 싶었던 예쁜 그릇에 대한 욕심을 가득 채울 수 있을 것만 같아 여행지에서 일어날 온갖 즐거운 그림을 머릿속에 그려왔는데 그만 그게 다 도로아미타불 물거품이 될 줄이야.

　비행기에 탑승한 지 한 2시간쯤 됐을 때였다. 이상하게 진영이가 식은땀을 흘리면서 축 늘어지는 것이 아닌가. 어른들도 비행기를 타면 적응하기 힘드니까 그러려니 하고 있는데, 아이가 칭얼거리기 시작해 이마를 만져보니 세상에, 불덩이처럼 열이 솟고 있었다. 감기에 걸린 것도 아닌데 손발을 보니 물집이 생기기 시작하고 입 안에도 허연 물집 같은 게 생겨나고 있었다.

　언뜻 보면 수두 같았는데 온몸에 돋는 게 아니라 손발에만 돋는 걸로 봐서는 수두는 아닌 것 같고 도대체 원인이 뭔지 알 수가 없었다.

　비행기 안에 의사가 있는 것도 아니고 일단 응급조치로 열을 내리는 일부터 할 수밖에. 나는 곧 구급상자에 있는 해열제 좌약을 꺼내서 진영이 엉덩이에 넣은 뒤 아이를 벗겨놓고는 물수건으로 온몸을 닦아주기 시작했다.

　얼마나 열이 치솟는지 한 시간이나 몸을 닦은 뒤에서야 열이 좀 내리기 시작했다. 더 이상 열이 오르지는 않았지만 안심이 될 정도로 열이 떨어진 것은 아니었다. 아이는 아이대로 아파서 칭얼거리고 L.A 공항에 도착하는 열몇 시간을 비행기 뒷좌석에서 아이를 업고 안고 어르느라 나는 꼬박 서서 갈 수밖에 없었다.

공항에 도착하자마자 반갑게 마중나온 남편의 친구들과 인사를 하는 둥 마는 둥 나는 서울에 있는 소아과 의사에게 할 공중전화부터 찾고 있었다.

〈엄마사랑 아가사랑〉 하면서 친해진 강남 성모병원의 김영훈 선생님에게 전화를 연결, 증세를 말씀드렸더니 요즘 아이들 사이에 유행하는 '수족구증' 무슨 병이라고 하는데 귀에도 잘 안 들어왔다.

서울에서 감염돼어 간 것 같은데 미국에서는 의료보험도 안 되고 외부 사람을 받아주지도 않으니까 그냥 응급조치를 하다가 아이가 정 위험해지면 911을 불러서 병원으로 후송되는 방법을 쓰라는 것이었다.

아무튼 그날부터 돌아오는 날까지 하루 종일 한 일이라곤 아픈 애 증세를 수시로 체크해 가며 서울에 있는 김영훈 선생님과 통화를 한 것밖에 없다. 쇼핑과 놀이동산은커녕 L.A 한 귀퉁이도 못 돌아보고 한국으로 돌아올 수밖에 없었으니까 말이다.

하지만 낯선 땅에서 병이 난 진영이와 무사히 돌아올 수 있게 됐다는 사실만으로 나는 감사하게 생각한다. 여행이야 나중에 얼마든지 또 갈 수 있는 일이니까.

여행을 통해서 새삼 느낀건데 아직 면역에 약한 어린아이는 해외 여행처럼 먼 여행길에 데리고 가는 것이 대단히 위험한 일이라는 사실이다.

만약 진영이처럼 어린아이를 데리고 여행을 계획하고 있는 엄마라면 포기하는 게 좋을 것 같다. 우리처럼 미국에 가서 구경은커녕 호텔 한 귀퉁이에서 가슴만 태우고 졸이다가 오지 말고 조금 기다렸다가 아이들이 웬만큼 큰 다음에 여행을 떠나라고 권하고 싶다.

   그때 만약 병원에 갈 수도 없게 된 그 막막한 처지에 구급상자와 신속한 응급조치가 없었다면, 생각만 해도 소름이 오싹 돋는 일이 아닐 수 없다.

   엄마들이여!

   평상시뿐 아니라 여행을 갈 때도 반드시 구급상자에 상비약을 챙겨서 만일의 사태에 대비할 일이다.

영재 교육

 "우리 아이는 또래에 비해서 좀 빨라요."
 "세 살인데 벌써 한글을 다 깨쳤어요."
 "벌써 영어로 말하고 인사도 해요."
"어른인 나도 못하는 퍼즐을 기가 막히게 맞춘다니까요." 등 등.

아이 키우는 엄마치고 이런 얘기 한두 번 안 들어본 엄마들 없을 거고 실제로 자신들도 남들에게 이렇게 말한 적이 있을 것이다.

영양도 좋고 TV를 보면서 자란 비디오 세대라 그런지 요즘 아이들 중에는 어리숙하게 보이는 아이들이 없을 정도로 실제로 대부분의 아이들이 영특하다.

우리 아이만 그런 게 아니라 다른 집 아이들도 그렇다는 걸

뻔히 알면서도 나도 당연히 '고슴도치 내 새끼'라고 남들 앞에서 이런 말이 저절로 나오는 푼수 엄마일 수밖에. 실제로 준영이, 진영일 키우면서 어떤 면은 참 또래아이에 비해 빠르다는 생각을 해보기도 하니까 말이다.

준영이는 아직 글은 제대로 읽을 줄 모르지만 어휘력 구사가 또래에 비해 3~4살 위의 아이들이 쓰는 정도로 높다. 내가 들어도 깜짝 놀랄 단어가 많고 유치원 선생님도 준영이가 다른 애들보다 어려운 단어를 구사해 놀랄 때가 많다고 이야기를 한다.

아이에 대한 욕심으로 요즘 젊은 엄마들 사이에 우리 아이 영재 만들기 교육이 한창인 것으로 알고 있다. 나도 동아 케이블 TV의 〈엄마사랑 아가사랑〉을 진행하면서 영재 교육에 관한 방송도 해보고 진짜로 영재 교육을 받은 아이들의 놀랍도록 영특한 모습을 보면서 깜짝 놀란 적도 있었다.

하지만 나는 준영이와 진영이에게 따로 영재 교육을 시키지 않았다. 이미 준영이는 유치원에 다니니까 영재 교육 시키기에는 때늦은 감이 있고, 진영이는 지금부터 한창 시킬 나이이긴 하지만 우리 아이들에게 영재 교육을 시킬 마음이 없어서 하지 않고 있다.

웬만한 가정사에도 유난을 떨다 보니 사람들이 생각할 때 당연히 아이들 교육에도 열을 올릴 것으로 생각했는지 주변에서 최유라가 아이들 교육에는 무심하더라는 소리를 가끔 한다. 하지만 내가 영재 교육을 시키지 않는 이유는 특별난 교육관이 없어서일 수도 있겠지만 꼭 그렇지만은 않다.

우선 나는 영재 교육 자체에 대해서는 긍정적이지만 영재 교육 이후 초등학교→중학교→고등학교→대학교로 연계 교육이 이루어지지 않는다는 걸 부정적으로 생각하고 있다. 그것이 바로 내가 우리 아이들에게 영재 교육을 시키지 않는 첫째 이유이다.

　유아 시기에 아무리 뛰어난 교육을 시키면 뭘 하나. 초등학교에 들어가면 다 똑같은 교육을 받게 되고, 오히려 그러다 보면 지나치게 뛰어난 교육을 받은 아이들이 학교 생활에 적응을 못할 텐데 하는 생각이 든다.

　또 하나 내가 영재 교육을 시키지 않는 이유는 아이들은 모든 방면에서 뛰어나지 않을지는 모르나 저마다 한 가지 정도씩은 다른 아이들보다 뛰어난 면을 갖고 있다고 생각하기 때문이다.

　그것이 음악일 수도 있고 미술일 수도 있고 게임일 수도 있는데 엄마들이 그 점을 잘 관찰해 키워줄 생각은 않고 욕심이 지나쳐 뭐든지 잘하게 만들고 싶은 마음에 서둘러 영재 교육을 시키는 것이 아닌가 한다. 그러므로 영재 교육이란 아이들을 위한 교육이라기보다 아이들을 만능 선수로 키우고 싶어하는 엄마들의 욕심에 다름아닌 것 같다.

　사실 우리 나라 어린이 중 네 명당 한 명은 영재라고 한다.

　영재의 기준도 내가 지금 제대로 기억하는 건지는 모르겠으나 어학에 뛰어난 아이, 퍼즐이나 레고를 잘하는 수학 영재, 미술 영재, 음악 영재, 과학 영재, 운동 영재, 리더쉽이 있는 영재 등 대략 7가지로 나눈다는 것을 잡지에서 읽은 기억이 있다.

　물론 그 기사처럼 세분해서 생각한 것은 아니지만 그냥 막연하게 나도 그런 생각을 하고 있었는데 우연히 입증이 된 셈이 됐다.

　네 명 중 한 명일 정도로 영재가 많은데 중요한 것은 이 아이들이 초등학교만 가고 나면 다 평재로 둔갑한다는 것이다. 이것이 바로 우리 나라 영재 교육의 실태인데 내가 굳이 영재 교육을 시킬 이유가 없지 않은가.
　이스라엘의 교육을 떠올리면 나는 더더욱 영재 교육이란 것을 우리 아이들에게 시키고 싶지 않다.
　이스라엘의 영재 교육! 하면 누구나 고개를 끄덕일 정도로 이스라엘 사람들은 머리 좋은 유태인을 양성하는 것을 바로 교육의 힘으로 알고 있다. 하지만 이스라엘에서조차 아이들에게 영재 교육이라고 이름 붙여서 따로 교육시키는 곳은 한 군데 정도 있을 뿐 전체적인 교육의 방향은 창의력 교육에 초점이 맞추어져 있다고 한다.
　이스라엘에서는 장난감도 한 가지 형태나 내용으로만 조작되어 있는 것이 아니라 무궁무진 그야말로 만든 사람들도 알 수 없을 정도로 수많은 조합이 가능한 장난감을 어릴 때부터 갖고 놀게 한단다. 그리고 초등학교에 가서 처음 글자를 익힐 때도 글자 모양의 쿠키에 꿀이나 초콜릿을 발라서 맛있게 먹으면서 익히게 만들어 공부를 지긋지긋한 것으로 인식시키는 게 아니라 마치 초콜릿이나 꿀처럼 달콤하다는 인식을 심어주는 그런 달콤한 교육을 한다고 한다.
　영재 교육을 굳이 따로 시켜야 할 이유가 과연 어디 있는가.
　그리고 세계 어디를 가나 '영재 교육'을 하는 나라는 거의 없단다. 가까운 예로 미국 부모들은 영재 교육을 안 시키려고까지 한다는 얘기도 있다. 애시당초 영재로 키운다는 것에 대해 관심이 없고, 또 설사 아이가 뛰어나다 하더라도 영재아 부모는 그 아이를 훌륭하게 뒷받침해야 한다는 스트레스를 받기 때문에 더더욱 엄두를 안 낸다는 것이다.

우리 나라 엄마들 교육열이야 세계에서 알아줄 정도니까 영재아 부모라는 스트레스 때문에 포기할 엄마들은 없을 것이다. 내 생각엔 아이들을 그냥 자유롭게 놀게 하고 될 수 있으면 자연과 친해질 기회를 자주 갖도록 해주는 게 부모의 우선 역할이 아닐까 한다.

이스라엘 부모들처럼 저녁에 아이들과 목욕을 같이 하면서 스킨쉽을 통한 애정 형성(우리집에서는 이것을 날마다 하고 있다)과 '베드 사이드 스토리'라고 해서 잠자기 전 재미있는 동화를 들려주는 일이 영재 교육보다는 더 실속있는 교육이라고 나는 생각한다.

아빠와 아이들이 목욕하며 장난치는 소리가 넘쳐나오고 책 읽어주는 소리가 들리는 그런 교육을 꾸준히 시키는 엄마, 그런 부모가 되고 싶다.

햇살나라

햇살나라의 탄생

일하는 엄마의 가장 큰 고민은 무엇일까?
일도 해야겠고 아이도 잘 키우고 싶고 집안일에도 소홀하고 싶지 않지만 어느 것 하나 마음놓을 수가 없다는 점이다.

그 중에서도 집안일은 다른 사람 손을 빌려서 혹 마음에 안 들어도 참고 지나가면 그뿐이지만 아이를 낳아보니까 아이를 남의 손에 맡긴다는 일은 보통 용기를 가지고서는 힘든 일인 듯 싶다.

손쉽게 친정이나 시댁에서 아이를 맡아줄 경우는 행복한 경우겠지만 부득이 아무 연고가 없는 경우에는 놀이방이나 탁아

시설에 아이를 맡겨야만 하는 엄마들도 많을 것이다.
"엄마만큼한 정성으로 키우지는 못할텐데, 어떡하나?"
"다른 사람 손에 맡기면 혹 수면제를 먹이는 경우도 있다는데……."
"아이가 정서적으로 불안 증세를 보이지는 않을까?"
"혹, 애정 결핍이 되는 것은 아닐까?" 등등.

이런저런 일반적인 걱정에다가 나는 몇 가지 걱정을 더 해대는 유난한 엄마가 아니던가. 아이들에게 '웬만해서는'이 아니고 절대로 인스턴트 음식은 먹이지 않는데 놀이방에서는 여러 아이를 보살피다 보니 인스턴트 음식도 자연 해먹이게 마련이다.

또 아이들은 간식을 먹어도 반드시 같은 시간에 먹는 게 아니라 매일 조금씩 다른 시간에 먹을 수도 있는데 일방적으로 정해진 시간에 정해진 양만큼을 주어서 먹게 하면 아이가 음식 결핍증이 생길지도 모를텐데, 등등.

그 외에 배변 같은 것도 엄마 손에서 편하게 보는 것이 아니고 낯선 장소에서 혼자 화장실에 들락거려야 할 것이니 그것들을 생각하면 정말 절대로 놀이방이나 다른 사람의 손에 맡길 수가 없다는 결론이 내려지는 것이다.

아직 둘째 진영이가 태어나기 전, 라디오 방송을 하러 나가려면 반드시 누군가 아이를 봐주어야 하는데 아빠도 직장이 있는 사람이라 주말에는 맡기고 나갈 수 있지만 평일은 도저히 남의 손에 맡기지 않을 수 없는 상황에 처했었다.

물론 시어머님이 맡아주시겠다는 제의를 해오시기도 하셨지만 나는 왠지 시어머님께 맡기는 것이 부담스럽게 느껴졌다. 솔직히 어머님께는 죄송스런 말이지만 아이를 길러보신 지 오래돼서 그런지 갓난아이 다루는 것이 내 마음에 흡족하게 느껴지질 않았다. 그리고 목동에서 봉천동까지 매일 아이를 데려다 맡겼다가 방송 끝나면 데리고 와야 하는 부담이 상당히 작용을 한 탓도 있다.

친정 엄마는 친정 엄마대로 수원에 계시므로 정 급할 때나 한 두 번 오시게 했지 날마다 오시게 할 수도 없었을 뿐더러 저녁이면 당시 좁은 20평 아파트에 방도 없어서(방이 2개인데 하나는 침대방이요, 하나는 옷으로 가득해 한치의 틈도 없었다) 주무시고 가게 할 수도 없기 때문에 정 급한 경우가 아니면 오시라고 하기가 힘들었다.

그렇게 하루하루를 곡예하듯 남편과 교대를 하기도 하고 가끔 엄마를 부르기도 하면서 지내고 있었는데 마침 내 동생 정임이가 수녀원에서 집으로 돌아오게 되었다.

동생 정임이는 어릴 때부터 꿈이 수녀였던지라 당시 대학을 졸업하고 곧바로 수녀원에 들어가 2년째 수녀 수업을 쌓고 있었다. 그런데 봉사를 위주로 하는 수녀원에 있던 터라 돌아다니면서 봉사 활동을 하다가 덜컥 병이 들어 할 수 없이 엄마가 정임이를 집으로 데리고 온 것이었다.

수녀가 되기 전 마침 대학에서 유아교육을 전공한 동생인지라 우리 준영이를 잠깐씩 맡기는 데는 그런 적임자가 또 없었다.

어느 정도 몸이 회복되자 정임이는 수원에서 목동으로 오가며 준영이를 돌봐주기 시작했고, 그렇게 시간이 흐르다 보니까 정임이가 워낙 아이를 잘 돌보고 교육도 잘 시켜 아예 우리가 놀이방을 운영해서 같은 처지에 있는 다른 엄마들을 도우면 어떨까? 하는 생각까지 하게 되었다.

하지만 재정이 문제였다. 부모님이 집을 사주신 것도 아니요, 전세 5천만원으로 시작해 결혼 3년 만에 8천인가로 늘려가는데 우리 부부가 모은 돈을 다 쏟아부었기 때문에 놀이방을 운영할 만한 목돈이 있을 리 없었다.

내가 시집오기 전부터 시어머님은 이 다음에 며느리와 합작으로 유치원을 했으면 하는 바람을 내게 비춘 적이 있으셨다. 시어머님이 아이들에게 관심이 많은 탓도 있지만 내가 〈뽀뽀뽀〉의 뽀미 언니였던 게 적잖이 작용을 한 탓도 있다. 그런 시어머님이 내 의중을 아셨는지 선뜻 8천만원을 빌려주시면서 놀이방을 운영해 보라고 하시는 것이 아닌가.

이렇게 해서 아이들의 보금자리인 '햇살나라'가 탄생하였다.

아파트 1층을 전세로 얻고 내가 원장을 하고 정임이를 선생님으로 해서 탄생한 놀이방 이름은 아이들이 햇님처럼 밝고 예쁘게 자라라는 뜻에서 의미도 있고 부르기도 예쁜 '햇살나라'로 정했다.

햇살나라의 꼬마 식구들

햇살나라는 몇몇 잡지사에서 인터뷰를 통해 소개가 되는 바람에 문을 열기도 전에 아이들을 맡기고 싶다는 엄마들의 문의가 쇄도하였다.

더구나 내가 방송일을 하다 보니까 같은 방송국의 PD나 아나운서들도 나에게 아이를 맡기겠다고 하여 우리 햇살나라에는 꼬마 식구들이 많이 생기게 되었다. 배철수 씨 아들, 손숙 선배님의 손녀를 비롯해 엄마를 일에 빼앗긴 우리 준영이, 진영이 같은 아이들이 많을 때는 25명이나 됐었다.

엄마를 일에 뺏긴 아이들!

우리 준영이나 진영이와 진배없는 그 아이들을 어떻게 소홀히 키울쏘냐. 정임이와 나는 반찬도 절대 인스턴트는 먹이지 않았고 이유식도 우리 아이들이 먹던 그 방식 그대로 만들어다가 먹였다. 갓난아기부터 유치원에 갈 나이의 아이들까지 있었으므로 우유나 이유식도 신경을 써서 먹여야 했다.

처음에는 엄마랑 떨어져 햇살나라에 오기 싫어하던 아이들이 저녁에 엄마가 데리러 와도 안 가겠다고 떼를 쓸 정도로 차츰 햇살나라는 사랑이 충만한 공간으로 변해갔다. 햇살나라에서 대소변을 가린 아이, 감기가 들면 꼬박꼬박 약을 먹이기도 하면서 그렇게 아이들은 무럭무럭 커나갔다.

인스턴트는 노! 건강식은 예스!

사실 나의 요리 솜씨나 장보기 횟수가 햇살나라를 하면서 많이 늘은 것도 사실이다. 아이들에게 점심을 먹이려면 그날그날 식단을 짜야 하고 또 간식도 신경써서 먹여야 했기 때문이다.

오전 7시부터 저녁 7시에 문을 닫는 햇살나라의 꼬마들이 워낙 아침 일찍 엄마 손을 잡고 오는 바람에 아침을 굶고 오는 경우가 많았고, 아예 아침부터 저녁까지 햇살나라에서 먹고 가는 아이들도 있었다.

우리 준영이나 진영이가 거기서 먹고 자고 하는데 어떻게 음식을 다르게 먹일 수가 있단 말인가. 식단도 우리 준영이 먹이는 것과 똑같이 여러 가지 곡물을 섞어서 밥을 지어 먹였고 반찬 또한 그렇게 준비했음은 물론이다.

과일도 상자로 사서 아이들이 먹고 싶을 때는 언제나 양껏 마음껏 먹을 수 있게 놓아주었고, 간식도 인스턴트로 만든 것은 절대 안 주고 고구마나 감자를 쪄서 주기도 하고 빈대떡이나 밤으로 맛탕을 만들어 주기도 했다. 간단하게 빵을 사다 먹여도 되었지만 빵도 사다 먹이는 게 마음에 걸려 정임이가 직접 빵을 찌기도 하고 도너츠도 즉석에서 만들어 먹였다.

수산시장에서 사온 생선으로 전을 부치고, 커다란 솥에 수제비를 한솥 끓여서 아이들과 먹던 그때가 지금은 가끔 그립기도 하다.

햇살나라의 인테리어는 엉망진창

나는 지금도 그렇지만 놀이방이 아주 예쁘고 깨끗하게 정돈돼 놓여 있는 것을 보면 왠지 믿음이 안 간다. 왜냐하면 아이들에게 좋은 환경은 어른들이 봤을 때처럼 단정하게 정돈된 환경이 아니고 조금은 더럽고 흐트러져 보이는 것이 더 좋은 환경이라는 것을 내 스스로 햇살나라를 운영해 보고 알게 됐기 때문이다.

처음엔 나도 의욕적으로 예쁜 인테리어를 하는 데 정성을 들여 벽지 색깔부터 소품 그림 하나에까지 정성을 쏟았다. 예쁜 공간이 아이들에게 정서적으로 안정을 주고 그렇게 예쁜 공간에서 아이들이 정말로 예쁘게 자랄 줄 알았던 것이다.

하지만 그 예쁘던 장소가 아이들 눈에는 하나도 안 들어오는지 정말 엉망진창 아수라장으로 변하는 것이 아닌가. 아연했다. 그처럼 정성들여 만들어 놓은 햇살나라가 이렇게 변하다니.

그런데 가만, 이게 웬일인가? 아이들은 아무 상관없이 즐겁게 웃고 마음껏 뛰어노는 것이 아닌가.

일이 있어서 아이를 놀이방에 부득불 맡겨야 되는 엄마들에게 들려주고 싶은 이야기가 있는데 놀이방에 가봤을 때 그 놀이방이 지나치게 깨끗하게 정돈되어 있고 마냥 예쁘게만 꾸며져 있으면 절대 그곳에 맡기지 말라고 충고하고 싶다.

예쁜 인테리어는 아이들에게 전혀 도움이 안 된다는 사실을 내가 직접 겪으면서 알게 됐기 때문이다.

문 닫은 햇살나라

햇살나라를 거쳐간 아기들이 어림잡아 거의 150명쯤 되지 않나 싶다.

나는 햇살나라를 운영하고 문을 닫은 3년 동안 꽤 많은 적자를 봤다. 다른 곳보다 보육료를 많이 받았는지 적게 받았는지는 나도 잘 모르겠지만 아무튼 먹는 것만큼은 과일이든 야채든 생선이든 가장 신선하고 좋은 재료를 사들이느라 절대로 이익을 우선으로 하지 않았다. 한겨울에도 그 비싼 수박화채를 해 먹였으니까 말이다.

그러나 햇살나라를 운영하면서 우리 준영이, 진영이를 안심하고 맡길 수 있었던 것으로 나는 만족한다. 내가 무슨 장사꾼이라고 적자를 봤다고 억울해 하겠는가.

햇살나라를 하면서 나는 일하는 엄마들의 고달픈 현실을 정말 깊이 체험했다. 한 여자 PD는 해외 취재를 가야 하는데 아이를 맡길 데가 없어 정임이가 일주일 동안 맡아주어 안심하고 일을 마치고 올 수 있었고, 또 어디 아이 맡길 데가 없는 엄마들이 잠깐씩 일시적으로 이용하기도 했다.

어쨌든 문을 닫긴 했지만 햇살나라는 내가 처음에 이름을 지었던 뜻처럼 나에게 햇살같이 따뜻한 사랑을 남겨준 놀이방이다.

최고의 태교는 부부 사랑!

"여보! 저 당신의 아기를 가졌어요."

신혼 부부들이 결혼 이후 가장 행복을 맛보는 순간이 바로 아내는 사랑하는 남편의 아이를 가졌다는 것을 말하는 순간이고, 남편은 바로 그런 소리를 아내에게서 들을 때가 아닌가 싶다.

한 생명을 잉태했다는 것, 그것도 사랑하는 남편의 아이를 가졌다는 것은 정말 너무나 축복받은 일이고 또 얼마나 황홀한 일인가!

나도 분명 그랬던 것 같다. 첫아이 준영이를 가졌다는 것을 알았을 때 '세상에 내가 엄마가 되다니!' 하는 흥분이 먼저 나를 사로잡았고, 남편 또한 아빠가 된다는 기쁨에 몸을 떨었던 것 같다.

모유로 키웠어요!

여자로 태어나서 한 남자의 아내가 되고 또 아이를 갖고 조금 있으면 한 생명을 이 세상에 태어나게 하는 창조적인 작업을 할 수 있게 되다니, 정말 너무나 신기하고 설레는 느낌이었다.

나는 이상하게 입덧이 없었기 때문에 준영이를 갖고 난 뒤 4개월이 지난 뒤에야 뒤늦게 임신을 했다는 것을 알게 됐다. 물론 태교에 신경을 쓰지 않을 수 없었다.

요즘 젊은 엄마들 중에 태교에 신경을 쓰는 경우는 말도 못하게 유별난 모양이다. 태교 음악을 듣고 태교 음식을 먹고 태교 강좌를 듣기도 하면서 온갖 좋다는 것은 다 찾아다니는 모양이다.

물론 모차르트나 비발디를 열심히 듣고 좋지 않은 일이나 말씨는 쓰지도 않고 듣지도 않고 음식도 가려서 먹는 일은 아기를 가진 예비 엄마들이라면 어느 정도 신경을 써야 할 엄마된 도리라고 생각한다. 나도 준영이, 진영이를 가졌을 때 당연히 그렇게 하려고 노력했으니까 말이다.

하지만 내가 생각하는 최고의 태교는 모차르트를 듣고 좋은 음식을 먹는 게 중요한 것이 아니라 남편과 최고로 충만한 사랑의 시간을 가지는 것이 훨씬 더 중요하다고 얘기하고 싶다.

남편과의 스킨쉽을 통한 최고의 애정을 누리는 것! 나는 그것이 가장 좋은 최고의 태교라고 생각한다.

'아니, 남편이 애정을 안 주면 어떻게 해. 임산부 혼자 할 수 있는 일이 아니잖아.' 이렇게 생각하실 분이 많을 텐데 물론 그 일이 아내 혼자만의 생각으로는 절대 이루어질 수 없는 일이라는 것을 몰라서 하는 말이 아니다.

하지만 다른 어떤 음악이나 음식보다도 더 중요한 것은 산모가 남편으로부터 갓난아이처럼 보호받고 사랑받는 일이라고 생각한다.

그런 면에서 나는 내 남편에게 고마움을 갖고 있다. 바로 그런 충만한 사랑을 나에게 주었으니까 말이다. 남편은 준영이뿐 아니라 진영이를 가졌을 때도 나를 준영이나 진영이로 생각하고 너무나 정성스레 사랑을 쏟아부어 주었다.

물론 우리가 전혀 싸우지 않았던 것은 아니다. 아쉽게도 준영이 때는 부부 싸움으로 인해 최고의 태교를 하지 못했다는 아쉬움이 남아 있다.

하지만 싸우는 그 순간을 제외하곤 남편의 배려는 정말로 완벽했다. 그런 사랑을 받는 속에서 나는 단백질과 칼슘 보충을 위해 정말로 열심히 우유, 멸치를 먹어댔고 음악도 뽕짝부터 클래식까지 가리지 않고 내가 즐거운 음악이면 무조건 들었다.

태교에 대한 책을 보니까 임신 중 가장 나쁜 일이 부부 싸움이라던데 그렇다면 최고의 태교가 부부 사랑이라고 주장하는 나의 이론이 맞는 것이 아닐까?

누구나 첫 육아는 완전 초보

아기가 태어났다!
사랑하는 부부에게 사랑의 총체적 결정체인 아기가 태어났다는 사실은 한 가정 내에서는 그 가정의 역사가 달라지는 일대 사건이요, 혁명에 비유될 수 있는 일이라고 나는 생각한다.

첫아이 준영이를 낳았을 때 남편은 물론 주변 식구들이 모두 기쁨에 떨었던 생각을 하면 새삼 아이의 존재가 너무나 소중하고 사랑스럽게 느껴진다. 하지만 그날부터 사실 부부 사이에 더 이상 신혼의 단꿈과 기분은 사라지는 것이 아닐까 하는 생각이 든다.

아이를 낳기 전까지는 아이만 낳으면 너무나 행복할 것 같아서 아이를 너무나 기다렸다. 사랑의 결정체인 공동의 수확물(?)

이 과연 어떻게 생겼을까, 아빠를 닮았을까? 엄마를 닮았을까? 너무나 궁금한 나머지 달력에다 동그라미를 쳐가며 손꼽아 기다렸을 정도이다.

그런데 그렇게 기대하고 고대하던 아이가 태어나자 기쁨은 잠깐이요, 세상에, 세상에나!

3~4시간 간격으로 우유(다행히 모유라 우유 먹이는 엄마에 비하면 덜 힘들었지만) 먹여야지, 기저귀 젖었는지 살펴보고 갈아 줘야지, 게다가 까닭없이 울기는 왜 그렇게 우는지 안고 얼러야지, 하루에도 열 장에서 스무 장까지 나오는 기저귀를 양푼에 넣고 삶은 다음 빨아서 널어야지 개켜야지……

어디 그뿐인가 토해서 젖은 옷 갈아 입혀야지, 하루에 한 번씩 목욕시켜야지, 간간이 아이의 정서 발달을 위해서 머리맡에 카세트 갖다 놓고 음악 틀어줘야지, 게다가 하루 세 끼씩 밥해 먹고 치워야지, 빨래에, 청소에, 집안일이 아이 하나 태어났는데 거짓말 안 보태고 열 배로 늘어나는 것을 보고는 정말 으악, 소리가 절로 나왔다.

세상에, 전쟁도 하다가 힘들면 휴전을 한다는데 육아만큼은 엄마가 힘들다고 해서 쉴 수 있는 것도 아닌, 그야말로 휴식없는 전쟁이요, 무한책임제도일 수밖에.

이처럼 아이를 키우는 일이 사실 이 세상에서 제일 중요하고 힘든 일인데도 불구하고 각종 문화센터에 온갖 강좌는 다 있으면서 아이 키우기를 가르쳐주는 육아 강좌는 왜 없는 것인지. 한 번도 아이를 낳아보거나 키워본 적이 없는 초보 엄마들은 도대체 어떻게 하란 말인가.

모유로 키웠어요!

정말로 시인 바이런의 말처럼 자고 일어나보니 유명해진 것이 아니고 애를 낳고 나니 세상이 달라져 있는 거였다.

다른 사람의 도움을 받으면 조금 수월할 수도 있으련만 나는 이상하게 내 아이를 다른 사람, 심지어는 시어머니나 친정 엄마가 만지는 것도 싫을 정도로 다른 사람이 만지거나 돌보는 게 왠지 미덥지가 않고 싫었다. 그러다 보니 목욕부터 기저귀 갈고 우유(모유이긴 하지만) 먹이는 것을 일일이 내 손으로 다해야 했다.

우와! 처음에는 왜 그리 힘들던지 정말 엄마 노릇 아무나 하는 것이 아니란 생각이 절로 들었다. 게다가 아이가 아파서 잠 한숨 못 자고 밤새 안고 달래고 나면 초죽음이 될 정도였다.

다른 초보 엄마들은 어땠을까. 다 나처럼 서툴고 힘들어하면서 키웠을 것 같다.

그런 신세대 초보 엄마들을 위해서 앞에서 간단하게 목욕이나 이유식 등 내가 아이를 키우면서 터득한 요령을 소개했는데 아무쪼록 도움이 되었으면 좋겠다.

때리는 엄마, 맞는 아이들

"준영이 너 잘했어? 잘못했어?"
"……자, 잘못했어요."
"얼마큼 잘못했어?"
"……마, 많이요."
"몇 대 맞을래?"
"저, 3대만요."
하루에도 몇 번씩 우리집에서 벌어지는 풍경이다.
  요즘 엄마 중에 나처럼 이렇게 아이들을 때리면서 키우는 엄마가 어느 정도 되는지 모르겠다. 그러나 아무튼 우리집 아이들은 하루에도 나한테 수 차례씩 매를 맞으며 큰다.
  아니, 아이들도 인격이 있는데 알아듣게 타이르지 왜 때리냐고요? 저도 당연히 처녀 땐 그렇게 생각했죠.

더군다나 친정 엄마가 어린 시절 워낙 혹독하게 나와 내 동생에게 매를 드는 바람에 '나는 이담에 애기 나면 절대 우리 엄마처럼 때리지 않을 거야' 그렇게 결심까지 했는데 막상 내가 아이들을 키워보니까 매를 들지 않고 인격적으로 타일러가지곤 어림도 없다는 걸 알게 되었다.

준영이가 18개월쯤 됐을 때였다.

어느 날 준영이를 안고 공과금 내러 은행엘 갔었는데 옆자리에 앉은 나이든 아저씨가 준영이를 보더니 내게 물었다.

"그 놈, 잘생겼다. 몇 살이에요?"

"이제 18개월 됐어요."

"그럼 아직은 말썽 안 피우겠네요. 두 돌만 되면 애들이 싹 변해요. 이쪽으로 가자면 저쪽으로 가고, 아무튼 꼭 반대로만 하면서 말썽 꽤나 피운답니다. 지금이 제일 예쁠 때에요."

당시에는 그 소리가 무슨 소린가 했다. 준영이 키우면서 한 두 돌까지는 전혀 매를 들 일이 없었으므로. 그래서 우리 준영이는 절대 매 한 대 안 맞고 예쁜 아이로 키울 수 있고, 나 또한 매 한 번 안 드는 우아한 엄마가 될 수 있을 줄 알았다.

하지만 어림도 없는 일. 그 아저씨의 예언대로 자기 의사 표현이 정확해지는 두 돌 무렵부터 고집을 피우기 시작하는데 멀쩡히 놀다가 장난감을 집어던지질 않나, 세수하고 양치질 하라고 하면 꾀를 피우지 않나, 그리고 뻔히 자기가 잘못한 줄 알면서도 자존심이 상하는 건지 뭔지 절대 엄마 아빠에게 잘못했다고 빌지도 않는 등 아무튼 미운 짓은 다 골라서 하기 시작하는 거였다.

'미운 세 살! 미친 다섯 살!'이라고 한다던가.

미운 일곱 살은 옛말이요, 요즘은 미운 세 살로 앞당겨졌다더니 그 말이 사실이었다. 어떻게 된게 정말 미운 짓 매맞을 짓만 골라서 하는데 인격이고 우아고 뭐고 매를 들지 않을 수 없었다.

'철없는 아이니까 그럴 수도 있겠지.'

그렇게 생각하고 이 다음에 커서 말귀를 알아들을 때가 되면 그때 타일러야지, 하고 이 시절에 매를 안 드는 엄마들이 있는데 세살 버릇 여든 간다고 나는 이 시절에 잘못이 뭔지 잘못을 하면 매를 맞는다는 걸 정확히 알려줄 필요가 있다고 생각한다. 오히려 말로 타이르는 건 커서 정말로 말귀를 알아들을 때 그때 해야 한다고 생각한다.

우리집에는 회초리가 하나 있다.

언젠가 산에 가서 꺾어온 회초리인데 내가 이것만 들면 준영이, 진영이는 숨을 죽이기 시작한다. 하지만 회초리만으로 때리는 것은 아니다. 이렇게 얘기하면 무식하다고 흉볼지도 모르는데 회초리를 가지러 갈 시간 여유가 없을 때에는 나는 손이고 뭐고 그때 그 자리에 잡히는 대로 들고서 아이들을 때린다.

어릴 때 우리집에도 회초리가 있었는데 만일 우리가 무슨 잘못을 하면 그 회초리를 가지러 갈 사이도 없이 엄마는 그 즉시 손에 잡히는 걸로 빗자루건 뭐건 닥치는 대로 집어들고 우리를 때리곤 하셨다.

그때는 때리는 엄마가 야속했었는데 지금 생각해 보면 엄마가 잘한 것 같다는 생각이 든다. 그래서 다른 사람에 대한 예절을 배울 수 있었고 잘못된 일이 뭐라는 걸 확실히 알게 되었으니까 말이다.

결혼한 지금도 잘못한 일이 있으면 엄마에게 맞을까봐 걱정을 하면서 무슨 일을 할 때마다 혹시 내가 잘못하지는 않나 생각하면서 늘 다시 한 번 나를 뒤돌아보곤 한다.

요즘은 준영이와 진영이가 크느라고 그러는지 자주 다툰다. 어제만 해도 아빠에게 걸려온 전화를 서로 받겠다고 싸우다가 오빠의 힘에 밀린 진영이가 전화기를 빼앗기자 오빠 손을 꽉 물어버려서 준영이가 울고불고 난리가 났다. 하루에도 이런 일이 여러 번 벌어지지만 울음소리가 다른 때와 달랐다. 부엌에서 반찬을 만들다가 준영이 우는 소리에 놀라 달려가보니 준영이 손에 이빨자국이 선명하게 나 있는 것이 아닌가.

"진영이! 너 오빠 손 왜 물었어? 요게 오빠 알기를 어떻게 아는 거야?"

그 즉시 회초리를 들고 달려와 진영이부터 팍팍팍 때리고는 그 다음에 준영이를 다그쳤다.

"준영이! 너는 동생 먼저 바꿔주면 안돼? 너도 맞아야 돼."

팍팍팍……

할 수 없이 무식하게 매를 들고 때리지만 맞는 우리 아이들에게 마음 속으로는 이런 말을 전해주고 싶다.

'이게 다 진짜로 너희들을 사랑하는 깊은 이 엄마의 마음이란다.'

〈지금은 라디오 시대〉의 톡톡 튀는 여자
최유라식 행복론
저, 살림하는 여자예요

●

지은이 / 최유라
펴낸이 / 김춘호
펴낸곳 / 도서출판 제삼기획

1판 1쇄 발행 / 1997. 7. 20
1판15쇄 발행 / 1997.12. 20

등록번호 / 제10-216호
등록일자 / 1988. 4. 15.

서울시 은평구 대조동 203-31 우편번호 / 122-030
전화 / 383-2701~2 팩스 / 383-2703

1997 ⓒ 최유라
〈저자와의 협약에 의해 인지 생략〉

＊잘못된 책은 반드시 바꾸어 드립니다.
ISBN 89-7340-063-0 03810

값 6,500원